W0072605

CARL AUER
LebensLust

Alfons Vansteenwegen

Bevor die Liebe
Alltag wird Anregungen
für eine gelungene
Partnerschaft

Aus dem Flämischen von
Rainer Täubrich und Jörg Schilling

2007

Über alle Rechte der deutschen Ausgabe verfügt Carl-Auer-Systeme
Verlag und Verlagsbuchhandlung GmbH Heidelberg
Fotomechanische Wiedergabe nur mit Genehmigung des Verlags
Lektorat: Barbara Imgrund, Heidelberg
Satz: Verlagsservice Hegele, Heiligkreuzsteinach
Umschlaggestaltung: Göbel/Riemer
Printed in Germany
Druck und Bindung: Freiburger Graphische Betriebe, www.fgb.de

ISBN 978-3-89670-520-4
© 2007 Carl-Auer-Systeme, Heidelberg

Die Originalausgabe dieses Buches erschien unter dem Titel
Liefde is een werkwoord im Verlag Uitgeverij Lannoo, Tielt.
© 2007, Alfons Vansteenwegen
Eine frühere deutsche Ausgabe erschien unter dem Titel
Liebe – ein Tätigkeitswort.
Claudius Verlag, München, 1993
© deutsche Übersetzung: Claudius Verlag

Bibliografische Informationen Der Deutschen Nationalbibliothek
Die Deutsche Nationalbibliothek verzeichnet diese Publikation
in der Deutschen Nationalbibliografie; detaillierte bibliografische
Daten sind im Internet über http://dnb.ddb.de abrufbar.

Informationen zu unserem gesamten Programm, unseren Autoren
und zum Verlag finden Sie unter: **www.carl-auer.de**

Wenn Sie unseren Newsletter zu aktuellen Neuerscheinungen
und anderen Neuigkeiten abonnieren möchten, schicken Sie
einfach eine leere E-Mail an: **carl-auer-info-on@carl-auer.de**

Carl-Auer Verlag
Häusserstraße 14
69115 Heidelberg
Tel. 0 62 21-64 38 0
Fax 0 62 21-64 38 22
E-Mail: info@carl-auer.de

Inhalt

Vorwort

Schwierigkeiten unter Partnern müssen kein Beweis dafür sein, dass die Beziehung schlecht ist oder dass es an Liebe fehlt. Es sind die Unterschiede zwischen den Partnern, die dafür sorgen, dass ständig Schwierigkeiten entstehen, für die Lösungen gesucht werden müssen. Wer meint, diesem Dilemma durch die Wahl eines Partners zu entkommen, der dasselbe denkt und fühlt wie er selbst, sollte nicht erstaunt sein, wenn es in dieser Beziehung schon nach kurzer Zeit zu Langeweile und Ermüdungserscheinungen kommt.

Nicht die Probleme sind es, die Partner unglücklich machen, sondern die Lösungen, die sie wählen, um diesen Problemen gerecht zu werden. Dieses Buch ist voller Lösungen. Es ist ein Selbsthilferatgeber für Beziehungsprobleme. Der Autor benennt und beschreibt nicht nur eine Vielzahl von Alltagsproblemen, sondern gibt auch konkrete Anweisungen, wie man die Probleme angehen und bewältigen kann. Er regt seine Leser dazu an, nach neuen, eigenen Lösungen zu suchen. Alfons Vansteenwegen macht aber auch deutlich, wann der Zeitpunkt gekommen ist, zu dem besser ein Fachmann zu Rate gezogen werden sollte.

Dieses Buch wird vor allem für jene von Nutzen sein, die bereit sind, sich für ihren Partner und sich selbst einzusetzen, und wissen, dass eine gute Beziehung ständiger Pflege und Aufmerksamkeit bedarf. Eine solche Beziehung kann nicht allein auf eine Verliebtheit bauen, die vielleicht schon Jahre zurückliegt.

Kees van der Velden
Psychiater und Psychotherapeut

Kapitel 1: Die langfristige Partnerschaft

In diesem ersten Kapitel stelle ich eine Reihe von Fragen grundsätzlicher Art:

- Kann man heute eigentlich noch eine gute Beziehung führen?
- Laufen Beziehungen ganz »von selbst«?
- Handelt es sich bei der Partnerschaft um eine intime oder eine sachliche Beziehung?
- Wenn sie schlecht läuft, sind Menschen dann trotzdem noch in der Lage, sich selbst und ihre Beziehungen zueinander zu ändern?
- Wann können wir von einer Beziehung auf gleichberechtigter Basis sprechen?
- Welche Bedingungen müssen dafür erfüllt sein?

Partnerschaft als (fast) unmögliche Aufgabe

Wer eine langfristige Beziehung eingeht, hat große Erwartungen. Bei vielen Menschen sind diese von romantischen Vorstellungen und von einer zutiefst menschlichen Sehnsucht nach dem Glück zu zweit geprägt.

Aber das Zusammenleben im Alltag bringt die Partner schnell zurück auf den Boden der Realität. Probleme gehören zu einer Partnerschaft; manchmal laufen die Probleme auf Krisen hinaus. Diese Krisen können auch zu Chancen für eine tiefer gehende Beziehung werden. Dennoch ist eine gute Partnerschaft nicht selbstverständlich.

Romantische Erwartungen

Sie sind durch Idealvorstellungen von Einheit, Liebe und Harmonie beeinflusst, die Gedanken wie die folgenden mit sich bringen:

- Wenn wir verheiratet oder fest zusammen sind, werde ich den anderen (oder er mich) vollständig verstehen.
- Wir fühlen uns ganz ineinander ein.

- Wir werden einander immer lieben, tagein, tagaus.
- Wir werden nie Konflikte miteinander haben.
- Wir werden immer dasselbe wollen – oder so sehr, wie es geht.
- Wir werden uns gegenseitig unsere Wünsche erfüllen, bevor sie der Partner überhaupt ausgesprochen hat.

Hier geht es um »totale Kommunikation«. Der Partner wird als Person betrachtet, der man alles sagen kann. Man kann ihm alle Gefühle mitteilen, und er wird sie vollständig verstehen. Kurzum, es wird alles wie von selbst gehen.

Doch das widerspricht der Realität. Menschen sind nun einmal verschieden, Einigkeit hält nie lange an. Sobald die Partner zusammenleben, werden sie im Alltag mit kleinen Streitereien konfrontiert.

Warm und Kalt bei Franz und Sonja

Sonja hat es morgens gern warm und abends gern frisch. Franz hat es morgens lieber frisch und abends dafür warm. Am Morgen im Badezimmer schließt sie die Tür gern: Es muss warm sein. Er zieht es vor, diese Tür offen zu lassen. Denn wenn es nicht frisch ist, wird er nicht wach. Abends hat er es dagegen gern warm, und sie mag es lieber frisch. Das ist wirklich eine Kleinigkeit. Jeden Tag heißt es: »Mach mal die Badezimmertür zu! Lass das Fenster nicht offen stehen! Du weißt doch, dass ich friere.« Er sagt dann: »Ja, aber ich finde es viel zu warm, und ich werde nicht wach. Ich habe es lieber frisch« usw. Eine Kleinigkeit, aber jeden Tag das gleiche Theater. Es ist nicht wichtig. Aber wenn es immer wieder passiert, beginnt man das nach mehreren Jahren zu spüren.

Und so kommt jeder, der mit jemandem zusammenlebt, mit einer ganzen Reihe von Unterschieden in Berührung. Sie sind für sich selbst genommen nicht so schlimm, aber sie wiederholen sich täglich. Es gibt so viele kleine Dinge, über die man sich ein ganz klein wenig, immer nur ganz wenig ärgert. Niemand wird wirklich böse darüber, aber es nervt schon ein wenig.

Große Unterschiede

Wer mit jemandem zusammenzieht, stößt aber auch auf große Unterschiede. Das sind die Unterschiede in den Erwartungshaltungen beider Personen. Es geht darum, was sie in der Beziehung geben müssen und was sie bekommen werden. Es handelt sich also um Unterschiede in Bezug darauf, was es bedeutet, in einer langfristigen Beziehung zusammenzuleben, was es bedeutet, Mann oder Frau zu sein, was es bedeutet, Vater oder Mutter zu sein.

Jeder von uns hat in seinem Elternhaus Dinge gesehen, von denen er sagt: »Das will ich später in meiner Partnerschaft auch.« Aber jeder kennt auch eine ganze Reihe von Dingen, von denen er sagt: »Ich werde es anders machen.«

Das Elternhaus von Philipp und Linda

Philipp kommt aus einer Familie, in der Arbeiten sehr wichtig ist: Man muss im Leben arbeiten, um durchzukommen. Zweitens: Sparen ist wichtig. Wenn du etwas verdient hast, dann sei sparsam und wirf nicht alles zum Fenster hinaus! Drittens: Wenn man verheiratet ist, muss man ein eigenes Haus haben. Viertens: Kinder sind wirklich wichtig. Für Vater und Mutter zählt nur eines: dass die Kinder glücklicher sind und dass sie es weiterbringen als man selbst. Entspannung wird innerhalb der Familie genossen. Ausgehen, Freunde empfangen und besuchen usw. sind Dinge, die sich nicht gehören. Man könnte es eine geschlossene Familie nennen: wenig Besuch, kaum Freunde und ein paar Mal im Jahr ein großes Fest. Ansonsten zählt nur die Familie.

In Lindas Familie hingegen haben viele eine feste Anstellung im öffentlichen Dienst. Arbeiten ist schon wichtig, aber die Beförderung kommt ja doch automatisch. Man hat also eine andere Einstellung zur Arbeit und muss sich nicht dafür krumm machen. Warum soll man sparen, wenn man Geld verdient? Man lebt schließlich nur einmal. Man geht auf Reisen, man kauft, was man sich wünscht, man unternimmt allerlei. Warum sollte man ein eigenes Haus besitzen wollen? Man muss ab und zu umziehen, auch wegen der Arbeitsstelle. Kinder? Man bekommt sie eben; sie gehören dazu, aber sie sind sicher nicht der Sinn des Lebens. Ausgehen ist wichtig, Essen aber eigentlich nicht. Es ist nur ein Vorwand, um Leute zu sehen, zu reden, Kontakte zu knüpfen. Trinken spielt dagegen eine zentrale Rolle.

Wir haben es hier mit einem ganz normalen, durchschnittlichen Paar zu tun. Wenn zwei Menschen eine Beziehung miteinander beginnen, kommt es zu einer ganzen Reihe von Problemen: Was bedeutet es für die beiden, eine feste Partnerschaft einzugehen? Was bedeutet es, ein Partner zu sein? Was bedeutet es, Vater oder Mutter zu sein? Das Paar beschäftigt sich sofort mit einer Anzahl von Fragen. Wie wichtig ist das Arbeiten für uns: sehr wichtig oder nicht wichtig? Und wenn wir dann Arbeit haben, wie wichtig ist Geld für uns? Sparen wir? Oder geben wir es aus? Beschränken wir die Ausgaben? Wollen wir ein eigenes Haus oder nicht? Leben wir für unsere Kinder, oder nehmen wir sie als etwas, das einfach dazugehört? Wie Gäste, die kommen und die dann doch wieder die Familie verlassen werden? Gehen wir regelmäßig aus? Werden wir Freundschaften schließen? Wollen wir ein offenes Haus haben oder wollen wir eher zurückgezogen leben?

Hierbei gibt es kein Gut oder Schlecht. Es gibt nur das, was der eine will, und das, was der andere will. Damit müssen die Partner zurechtkommen. Sie müssen selbst zusammen eine Antwort darauf finden, was es nun für sie bedeutet, eine langfristige Beziehung miteinander einzugehen. Unterschiede gibt es im Hinblick auf Erwartungen, Modellvorstellungen und die Auffassung von dem, was eine Partnerschaft ausmacht. Die Folgen sind weit reichend, denn in einer Beziehung befindet sich jeder in einer ganz besonderen Situation. Wenn man unter Kollegen eine Meinungsverschiedenheit hat, dann redet man einmal darüber und löst das Problem. In einer Partnerschaft aber lebt man sehr eng zusammen. Außerdem ist sie auf lange Zeit angelegt.

Diese beiden Eigenschaften bewirken, dass sich die kleinen ebenso wie die großen Unterschiede viel tiefer eingraben und immer wichtiger werden, denn sie treten wiederholt zutage. Das bedeutet nicht: »Wir sind verschieden, und im nächsten Jahr spielen wir in einer anderen Mannschaft.« Sondern: »Ich bin anders als du, und ich habe vor, so lange wie möglich und am liebsten ein ganzes Leben mit dir zu leben und ein Gefühl der Zusammenzugehörigkeit zu entwickeln.«

Reibungsverluste

In einer Partnerschaft sind die kleinen Unterschiede gleichsam Sandkörner: Durch das enge Zusammenleben kommt es immer wieder zu Reibung. Jeden Tag, zu jeder Stunde ist man mit den Angewohnheiten des anderen konfrontiert, mit seinen Marotten und seinem irritierenden Verhalten. Man ärgert sich immer wieder, und schließlich ist man »mürbe«. Mit anderen Worten: Es scheuert, es nervt. Immer wenn Sonja das Badezimmer betritt, immer wenn er etwas vergisst, ärgert sie sich. Das geschieht nicht ein einziges Mal, sondern tausend Mal.

Eine Partnerschaft ist also schwierig, weil zwei verschiedene Menschen eng miteinander zusammenleben, und das über einen langen Zeitraum. Dies führt dazu, dass kleine Wunden, kleine Schwierigkeiten über die Jahre hinweg zu einem großen Problem werden.

Probleme gehören zu einer Beziehung

Probleme sind also untrennbar mit einer langfristigen Beziehung verbunden und etwas ganz Normales. Es kann gar nicht anders sein: Eine Beziehung muss von Zeit zu Zeit Anlass zu Problemen geben. Aber mit einer Beziehung ist es so wie mit einem Freundeskreis, einem Team oder einem Verein. Man kann bestimmte Probleme lösen, und danach besteht die Chance, dass die Freundschaft noch enger, die Beziehung tiefer und der Verein noch fester miteinander verbunden ist.

Probleme in einer Beziehung haben jedoch eine weitere merkwürdige Eigenschaft: Sie werden zunächst eher größer. Dafür gibt es vier Gründe:

1. Meistens sagt einer der beiden plötzlich: »Ich kann nicht mehr, ich gehe zum Rechtsanwalt oder zum Therapeuten.« Wenn der Partner das hört, ist er wie vom Blitz getroffen. »Ich wusste nicht, dass es so schlimm war. Ich dachte, dass es von selbst vorübergehen würde.« Sie sehen: Das Problem verschlimmert sich, weil einer der beiden die Notbremse zieht. Für den anderen ist es ein Schock.

2. Beziehungsprobleme verschlimmern sich auch, wenn beide etwas daran tun wollen, ohne wirklich zu verstehen, was nicht in Ordnung ist. »Wie kommt es, dass wir beide Dinge tun, die wir nicht tun wollen? Ich will keinen Streit, du willst keinen Streit, und doch streiten wir ab und zu. Warum nur?« Keiner versteht, woher diese Verhaltensmuster kommen. Keiner hat Denkmodelle dafür. Man fragt sich: »Was passiert hier eigentlich?« In diesem Sinne wird es schlimmer, weil es an Einsicht mangelt.

3. Es wird schlimmer, weil die Partner nicht über eine gemeinsame Einsicht verfügen. Ein klassisches Beispiel dafür ist die Beziehung zu einem Mann, der nichts sagt.

Der schweigsame Jan

Jan ist ein stiller, schweigsamer Mann, der geschüttelt werden muss, damit etwas aus ihm herauskommt. Er sitzt da und sagt nichts oder zumindest nicht viel. Das nervt seine Frau Andrea natürlich. Sie ist verärgert, weil Jan ihr so wenig Aufmerksamkeit schenkt und weil sie mit ihm nicht richtig in Kontakt kommt. Sie fühlt sich allein gelassen. Sie findet, dass sich daran etwas ändern muss. Jan empfindet das auch so. Aber sie haben beide eine ganz andere Sicht der Dinge. Andrea sieht es folgendermaßen: »Wenn du wirklich den Willen hättest, würdest du auch mit mir reden. Aber du willst einfach nicht.« Für sie sind Eheprobleme eben ein Zeichen mangelnder Willenskraft. Er ist da ganz anderer Meinung (und er hat ebenfalls Recht). »Es hat keinen Sinn, dass ich mich zwinge, mir auszudenken, was ich zu dir sagen könnte. Wenn ich etwas zu sagen habe, kommt es von selbst.« Seine Meinung ist also, dass Eheprobleme eine Frage der Spontaneität sind. Und wenn man sich zwingen muss, dann geht es nicht. Da sitzen sie nun: Andrea ärgert sich, weil er nichts sagt. Und er ärgert sich, weil er etwas sagen muss, obwohl er nichts sagen kann, weil es nicht von selbst geht. Beide sind unglücklich.

Man könnte das Problem unter der Rubrik »der schweigsame Jan« führen. Aber man könnte es auch charakterisieren durch: »Andrea, die sich einsam fühlt«. Es geht um dasselbe Problem, aber es wird aus zwei unterschiedlichen Blickwinkeln heraus betrachtet: Willenskraft versus Spontaneität. Der dritte Grund, weshalb Eheprobleme sich verschlimmern, wenn etwas daran geändert werden soll, besteht somit darin, dass jeder die Sache ganz anders sieht.

4. Der vierte Grund hängt mit dem dritten zusammen. Die Partner sind sich nicht einig darüber, wie sie das Problem angehen sollen. Lassen Sie uns kurz auf das Beispiel eingehen. Andreas Vorgehensweise konzentriert sich auf die Willenskraft. Daraus ergibt sich, dass sie zu Jan sagt: »Willst du nicht mal was sagen? Wann werden wir endlich miteinander reden?« Er wird sagen: »Ich kann mich jetzt nicht zwingen. Ich habe nichts zu sagen.« Seine Strategie besteht darin, etwas geschehen zu lassen und spontan zu sein.

Aus diesen vier Gründen drohen normale Beziehungsprobleme – die jeder hat – schlimmer zu werden, wenn die Partner darauf eingehen. Allgemein wird daraus dann eine Problemsituation. Dies bedeutet, dass das Problem weiter besteht und sich verschlimmert, weil es an einer gemeinsamen Einsicht in die Sache mangelt, weil einer der beiden das Problem zuerst signalisiert und weil keiner weiß, wie er vorgehen soll, um etwas daran zu ändern.

Beziehungen verändern sich ständig

Es gibt noch einen weiteren Grund, warum Konflikte untrennbar mit Beziehung verbunden sind und immer schlimmer zu werden drohen. Eine Beziehung ist nichts, das ein für allemal fertig ist. Zwei Menschen, die sich gerade zusammengetan haben, die noch keine Kinder haben, führen eine ganz andere Partnerschaft als Leute, die fast erwachsene Kinder haben. Wenn ich Menschen bei dem beobachte, was sie tun, habe ich manchmal den Eindruck: Dieses Paar könnte heranwachsende Kinder haben. Oder: Dieses Paar könnte eher Babys haben. Ärgerlicherweise kann man meistens nur dann heranwachsende Kinder haben, wenn man sie vorher als Baby bekommen hat. Dennoch ist recht deutlich zu erkennen, dass es Menschen gibt, die gut mit Babys umgehen können, und andere, die es einfach nicht können, die nicht wissen, wie man so ein Baby anfassen muss, die jedoch andererseits gut mit Heranwachsenden über Lebens- und Beziehungsprobleme sprechen können.

Die Phasen der Partnerschaft

Jede langfristige Beziehung hat ihre Phasen. Dazu gehören
- die Phase ohne Kinder,
- die Phase mit dem Baby im Haus,
- die Phase mit dem ersten Kind im Kindergarten (oft ein Drama für sich) oder in der Grundschule,
- die Phase, in der die Kinder die weiterführende Schule besuchen,
- die Phase, in der sie die Familie verlassen,
- die Phase des leeren Nests, wenn die Kinder die Familie verlassen haben.

Diese letzte Phase ist manchmal für beide Partner ausgesprochen schwierig, weil jeder erneut mit dem anderen konfrontiert wird. Wenn zwischen den beiden nichts anderes war als die Kinder, bleibt nun nichts übrig. Es gibt keine Beziehung mehr. Kinder können ein Puffer zwischen den Eltern sein, ein Keil oder etwas, das sie zusammenhält.

Zwischen den einzelnen Phasen gibt es eine Übergangszeit. In jeder dieser Phasen kommt es zu einer Krise. Schwierigkeiten in einer Beziehung sind also auch deshalb normal, weil jede langfristige Beziehung diese verschiedenen Phasen durchlaufen muss. Nicht jeder, dem es gelungen ist, mit kleinen Kindern ein gutes Familienleben zu führen, muss automatisch ein gutes Familienleben mit großen Kindern haben. Es geht um eine ganz andere Art zu leben. Auch erfordern die verschiedenen Phasen in einer Beziehung immer wieder einen Übergang und gehen stets mit einer neuen Krise einher. Dadurch ist eine langfristige Beziehung immer mit Problemen verbunden. Es läuft nicht alles von selbst.

Hundertprozentiges Glück?

Zusammengefasst könnte man sagen: Es ist wichtig, in einer langfristigen Beziehung nicht von vornherein das hundertprozentige Glück zu suchen. Nach allem, was bisher gesagt wurde, versucht der, der das will, etwas Unmögliches zu erreichen. Man muss es anders sehen. Wenn zwei Menschen eine Partnerschaft haben, müssen sie sich von unten nach oben arbeiten. Jeder muss abwägen, was er in diese Beziehung stecken und was er an Nutzen herausholen will.

Eine Beziehung fordert von beiden Partnern viel und kostet eine Menge – nicht finanziell, sondern was das Gefühl und was die Person angeht. Oft ist es wirklich schmerzhaft und ausgesprochen schwierig. Jeder Partner wird durch eine langfristige Beziehung »gezeichnet«. Aber er kann auch ungemein davon profitieren: Eine Beziehung kann guttun und Spaß machen. Die Partner können viel in ihr finden: Unterstützung, Geborgenheit, Verständnis, Intimität usw. – Dinge, die sie nirgendwo sonst finden. Also nehmen sie eine Waage und legen auf die eine Waagschale alles, was sie selbst in die Partnerschaft hineinstecken: viel Geduld, Energie, Zeit, Mühe. Auf die andere Schale legen sie, was sie ihnen einbringt: Spaß, Wohlbehagen, Geborgenheit, Zufriedenheit und Selbstverwirklichung. Nun werden die beiden Schalen miteinander verglichen. In dem Augenblick, in dem die Waage sich zur positiven Seite hin neigt, lässt sich sagen, dass die Beziehung gut ist.

Was aber ist eine gute Beziehung? Darunter ist eine Beziehung zu verstehen, in der der Nutzen, den man mit ihr verbindet, schwerer wiegt als die Anstrengungen, der Schmerz usw. Eine Beziehung wird also von dem Augenblick an gut, in dem sich die Waage zur richtigen Seite hin neigt. Man sollte schon sehr zufrieden sein, wenn alles in allem ein Nutzen dabei herausspringt. Dann kann man auch versuchen, ihn zu vermehren. Niemand sollte in der Beziehung nach dem hundertprozentigen Glück und nach Vollkommenheit streben. Es geht vielmehr um eine Art der reifen Zufriedenheit. Das bedeutet immer auch eine Einschränkung. »Wenn ich alles gegeneinander abwäge, bin ich froh, dass ich diese Beziehung habe. Manchmal ist sie auch mit Verzicht verbunden. Ab und zu ärgere ich mich wirklich sehr. Bisweilen bin ich ganz allein, fühle mich total schlecht oder tue dem anderen weh. Aber alles in allem empfinde ich sie als gut. Letztendlich lohnt sie die Mühe.«

Zusammenfassung

Eine langfristige Beziehung zu führen ist gar nicht so einfach. Der Grund dafür ist, dass viele Menschen mit sehr hohen Erwartungen in eine Partnerschaft gehen – romantischen Erwartungen von Einheit, Zusammengehörigkeitsgefühl und Harmonie. Danach sind die Partner irgendwann mit einer Reihe von grundlegenden und gravierenden Unterschieden konfrontiert. Es handelt sich um Unterschiede, die auf zwei Ebenen liegen:

- die kleinen Unterschiede, für die nachgewiesen wurde, dass sie nicht unwichtig sind,
- und die großen, bei denen sich zeigt, was es für einen Menschen bedeutet, eine langfristige Beziehung eingegangen zu sein.

Beide Partner werden abrupt mit diesen Unterschieden konfrontiert, weil sie eng und lange Zeit zusammenleben. Dies bedeutet also, dass es zu einer Vielfalt von Problemen kommen wird. Es gehört einfach dazu. Diese Probleme verschlimmern sich zunächst nur dann, wenn man sich mit ihnen befasst. Das liegt daran, dass einer der beiden Partner sie zuerst sieht, dass es oft an der Einsicht in die Gründe mangelt sowie dass keine gemeinsame Einsicht und keine Methode zur Verfügung steht, um etwas dagegen zu tun. Außerdem verändert sich eine Beziehung ständig, es müssen Übergänge bewältigt werden, und es treten immer wieder Krisen auf.

Dieses Buch enthält Modelle, Sichtweisen, eine Anzahl von Rastern, mit deren Hilfe man besser sieht, worum es geht, und mit deren Hilfe man leichter zu einer Lösung kommen kann. Zudem werden bestimmte Alternativen und Handlungsweisen vorgeschlagen. Es geht um Denkmodelle und Methoden, die viele Menschen als nützlich erfahren haben. Vielleicht werden sie Ihnen ja auch helfen können.

Zwei Arten von Beziehungen

In diesem Abschnitt wird unterschieden zwischen zwei Arten von Beziehungen: sachlichen und intimen Beziehungen.

Die sachliche Beziehung

Hierbei handelt es sich um eine Verbindung zwischen zwei Menschen, in der sie für ein Ziel zusammenarbeiten, das außerhalb der Beziehung selbst liegt.

Peter und Margot

Sie sind seit fünfzehn Jahren verheiratet und haben drei Kinder zwischen zehn und dreizehn Jahren. Peter hat eine volle Stelle, Margot einen Halbtagsjob. Sie haben ihr Leben vorausschauend eingerichtet, besitzen ein geräumiges Haus und zwei Autos. Die Abläufe in der Familie funktionieren. Oft kommt zwar ein Elternteil gerade nach Hause, wenn der andere geht, aber alles ist gut durchorganisiert. Die Familie verfügt über ein geregeltes Einkommen, das Essen steht rechtzeitig auf dem Tisch, und für Kleidung ist gesorgt. Die Eltern sehen bei den Kindern die Hausaufgaben nach. Sie bringen sie zum Zahnarzt, zur Musikschule, zum Turnverein und anderen Aktivitäten. Das ist alles gut abgesprochen und geregelt. Nur schlafen Peter und Margot getrennt. Sie haben eigentlich keine gefühlsmäßige Bindung mehr aneinander. Margot hat eine intime Beziehung mit einem anderen Mann. Bei Abwägung aller Argumente finden sie es wegen der materiellen Vorteile jedoch am besten, wenn sie unter demselben Dach wohnen. Sie benutzen viele Dinge gemeinsam, und die Kinder haben ein Zuhause.

Ziel des Zusammenseins ist nicht die Beziehung zwischen Peter und Margot, sondern bestimmte andere Dinge, die sich außerhalb des Paares abspielen. »Wir haben das Haus nun einmal, warum sollten wir auseinander gehen? Dann müssten wir es verkaufen.«

In diesem Fall lautet die Zielsetzung außerhalb der Beziehung beispielsweise, dass man wegen einer Reihe materieller Vorteile zusammen bleibt. Es ist immer billiger, zu zweit in einem Haus zu leben als getrennt. Es ist einfacher, zu zweit einen Kühlschrank, eine Waschmaschine usw. zu benutzen.

Die intime Beziehung

Eine intime Beziehung wird durch die Tatsache gekennzeichnet, dass das Ziel der Beziehung in der Beziehung selbst liegt. Menschen leben zusammen, um zusammen zu sein. Das Zusammensein ist Selbstzweck: »Weil ich bei dir bin, weil ich es schön finde, mit dir zu leben, weil es interessant ist, mit dir zu leben, und weil ich etwas davon habe, bei dir zu sein.« Diese Menschen leben zusammen, weil es ihnen selbst guttut, wenn sie zusammen sind.

Nehmen wir als Beispiel zwei junge Leute, die tanzen gehen. Sie wollen tanzen, und dazu brauchen sie einen Partner. Sie suchen daher jemanden, der auch tanzen kann. Die meisten Pärchen gehen aber nicht aus diesem Grund tanzen. Sie gehen tanzen, um beieinander zu sein. Und dann wird das Tanzen zum Vorwand, um zusammen zu sein. Das Zusammensein steht an erster Stelle, und das Tanzen ist eine der Möglichkeiten, auszugehen und zusammen zu sein. Im ersten Fall suche ich einen Partner zum Tanzen (sachliche Beziehung), im zweiten Fall tanze ich, um mit jemandem zusammen zu sein (intime Beziehung). Das ist der Unterschied.

Was eine intime Beziehung ausmacht

Folgende vier Aspekte beschreiben eine intime Beziehung:

1. In der intimen Beziehung kann man sich erlauben, man selbst zu sein. Die meisten von uns sind in eine Vielfalt von Lebensumständen eingebunden, in denen wir eine bestimmte Rolle spielen müssen und eigentlich nicht die sein können, die wir wirklich sind: Ich muss zum Beispiel bei der Arbeit, im Geschäft oder gegenüber den Kunden immer gut gelaunt und freundlich sein, in einer intimen Beziehung jedoch nicht. In einer intimen Beziehung darf ich sein, wie ich bin. Ich darf entmutigt sein, ich darf Fehler haben. Ich darf unzufrieden sein, ich darf mich verrückt benehmen usw. In diesem Sinn ist eine intime Beziehung eine Beziehung, in der ich ich selbst sein darf. Das ist ein Luxus. Ich brauche mich nicht besser darzustellen, als ich in Wirklichkeit bin. Ich brauche keine Maske zu tragen. Ich muss mich nicht größer machen, als ich bin, um die Erwartungen der anderen zu erfüllen.

2. In der intimen Beziehung dürfen die Partner die eigenen Gefühle äußern. Wenn ich traurig bin, dann darf ich so sein. Der Akzent liegt nun auf den Gefühlen. Es gibt keine intime Beziehung ohne den Austausch von Gefühlen. »Ich bin unglücklich, und ich darf unglücklich sein. Ich darf ab und zu traurig sein. Ich darf dann und wann überschwänglich sein. Ich darf mich verrückt verhalten, wenn ich mich so fühle.«

3. In der intimen Beziehung fühlen sich Menschen ineinander ein. Wenn der andere traurig ist, kann dies der andere nachempfinden. Nachempfinden heißt nicht: »Ich habe dasselbe Gefühl wie du.« Mit Nachempfinden ist gemeint: »Ich kann das verstehen. Ich sehe ein, dass du dich so fühlst. Ich kann verstehen, dass du traurig bist. Ich kann verstehen, dass du dich allein fühlst. Ich fühle mich deswegen zwar nicht allein, aber ich begreife, dass du dich so fühlst.« Es geht also um echtes Begreifen –

nicht so sehr um das Begreifen mit dem Verstand, sondern um das ge-fühlsmäßige Begreifen. Es gibt viele Ausdrücke dafür: sich einfühlen, Empathie empfinden, nachempfinden, Freud und Leid mit jemandem teilen können.

4. Intimität bedeutet auch, dass man körperlich nahe beieinander ist. Das meint Sexualität in einem sehr weiten Sinne – man berührt sich, küsst sich, sitzt beieinander, hält die Hand des anderen, geht Arm in Arm spazieren, schläft neben- und miteinander, streichelt sich usw. All diese Formen körperlichen Kontakts, die körperliche Nähe und das nahe Bei-einandersein, gehören zu einer intimen Beziehung. Es geht darum, in angenehmer Weise körperlich miteinander umzugehen. Es geht nicht um körperlichen Kontakt, bei dem Abneigung oder Irritation entsteht und der eine den anderen nicht mehr ertragen kann.

Beziehungen heute

In der modernen Beziehung ist die intime Seite wichtiger geworden; die sachliche Seite ist etwas in den Hintergrund getreten, denn die Gesellschaft als Ganze kümmert sich stärker als früher darum. Als es beispielsweise noch keine Altersabsicherung gab, war es für jeden Einzelnen lebenswichtig, zu einer Großfamilie zu gehören, in der die Jüngeren für die Älteren arbeiteten, sie ernährten und ihnen Unter-kunft boten. Wenn man nicht zu einer solchen Großfamilie gehörte, war man ausgestoßen, verfügte über kein Einkommen, war ohne Nahrung, ohne Kleidung usw. Die sachliche Seite war damals eng verwoben mit der Großfamilie, der Verwandtschaft, mit der Ehe, mit dem Clan. In einigen Kulturen ist das noch immer so. In unserer Kultur jedoch wird die Erziehung der Kinder zum Teil von der Schule übernommen; die Erwerbstätigkeit ist geregelt, und es gibt Tariflöhne; im Alter erhält jeder Berechtigte eine Rente, und es gibt eine Krankenversicherung. Durch eine Reihe von Vorkehrungen er-übrigen sich einige Teilaspekte der sachlichen Seite, die früher mit der Ehe einhergingen.

Auf der anderen Seite ist in unserer Gesellschaft eine Art Anony-mität entstanden, eine Namenlosigkeit, die ziemlich viele Beziehun-gen trocken und sachlich macht. Dadurch hat sich ein gewaltiger Druck auf die Ehe und das gemeinsame Zusammenleben als intimer Beziehung ergeben. Untersuchungen zeigen, dass Menschen, die eine Ehe schließen, dies nicht aus sachlichen Erwägungen heraus tun. Sie suchen Intimität, Geborgenheit, das Wissen, dass man sich auf den anderen verlassen kann. In der modernen Beziehung ist das Intime sehr wichtig geworden.

Wenn es nicht mehr da ist, wollen die Menschen die Beziehung auflösen. Trennungen gehen heutzutage darauf zurück, dass Menschen von der Beziehung etwas anderes erwarten. Früher war es einfach. »Er trinkt nicht. Er gibt sein Geld ab, und er schlägt seine Frau nicht. Warum ist sie dann nicht glücklich?« Aber nun ist sie nicht mehr automatisch glücklich, nur weil er nicht trinkt und sie nicht schlägt und sein Geld abgibt. Sie ist ja auch nicht mehr aus diesen Gründen mit ihm verheiratet (im Übrigen hat sie vermutlich selbst ein Einkommen). Sie fordert Aufmerksamkeit ein, den Austausch von Gefühlen, das Nachempfinden und befriedigende Sexualität. Wenn es das nicht gibt, findet sie nicht, was sie erwartet hat. Oder er findet nicht, was er erwartet hat. In diesem Augenblick wird die Beziehung zur Diskussion gestellt.

Zwei Pole

Man sollte jedoch bedenken, dass in jeder Beziehung beide Aspekte miteinander verwoben sind: der intime und der sachliche. Deshalb streiten die Leute zum Beispiel über kleine materielle, sachliche Dinge. Denn die großen Gefühle hängen auch damit zusammen. Wenn er seine Schuhe nicht in den Schrank stellt, explodiert sie. Warum ärgert sie sich nun über die Schuhe? Wie kann sie sich nur das Leben wegen eines Paars Schuhe schwer machen? Aber es ist ja auch gerade dieser Mann mit dieser Schlampigkeit, mit dem sie nachher gemütlich zusammensitzen will. Diese Gefühle verbindet sie dann auch mit den Schuhen. Eine Partnerschaft ist typischerweise etwas, das sowohl sachliche als auch intime Aspekte in sich vereinigt.

In manchen Beziehungen gibt es vor allem Probleme auf der sachlichen Ebene. Es handelt sich um Partner, die Dinge innerhalb der Beziehung nicht bewältigen können, um Improvisationskünstler, die wirklich liebevoll zusammenleben, aber vergessen, dass sie auch einen Herd und einen Kühlschrank brauchen. Sie glauben, dass die Liebe schon alles richten wird. Diesen Leuten mangelt es an Sachlichkeit, an Regelungen und Absprachen. Es muss immer alles von selbst gehen und spontan passieren. Nichts wird geregelt, nichts wird abgesprochen. Wenn sie nichts absprechen, haben sie auch normalerweise nichts zusammen. Das ist der eine Pol: Man hat viel Intimität, ist aber schlecht organisiert. Auf der anderen Seite gibt es auch viele Beziehungen, in denen die Organisation im Allgemeinen zwar klappt, in denen jedoch die Aufmerksamkeit füreinander, die Zeit füreinander vernachlässigt wird. Man hat alles gut organisiert, aber es ist keine Intimität vorhanden.

Sich ändern?

Wer dieses Buch liest, tut es mit dem Ziel, eine Reihe von Dingen innerhalb der Beziehung zu ändern und eventuell zu verbessern. Aber können sich Menschen überhaupt ändern? Schauen wir uns zunächst einmal an, was der Mann von der Straße dazu sagt. Seine Antwort ist sehr pessimistisch: »Menschen und Beziehungen können sich nicht ändern. Wenn jemand ein schweigsamer Mensch ist, ist er von der Geburt bis in den Tod ein schweigsamer Mensch.« Der Volksmund sagt also, dass sich jemand als Person nicht ändern kann. Das gilt auch für Beziehungen: Wenn diese beiden Leute sich schon zehn Jahre streiten, dann werden sie sich in den folgenden vierzig Jahren ihrer Beziehung gewiss auch noch streiten. Warum sollte sich das ändern?

Charakterfrage

Als Jan heiratete, sagte seine Mutter zu Andrea: »Du wirst dich ein bisschen anpassen müssen. Er ist immer still gewesen, er geht nicht aus sich heraus.« Sie unterstellt, dass es sich um eine Charakterfrage handelt. Mit dem Wort Charakter sind allgemein die Seiten einer Person gemeint, die sich nicht ändern – also das unwandelbare Inventar einer Person, das sie von der Geburt bis zum Tod hat. Meint man jedoch damit, dass es auf die ganze Person zutrifft, so stimmt das nicht. Ich möchte das anhand eines Beispiels verdeutlichen, das auf den ersten Blick mit der Beziehungsfrage nicht viel zu tun hat

Stellen wir uns eine Mathematikbegabung als kleine Kugel von ungefähr der Größe einer Haselnuss vor. Wenn jemand diese Kugel in seinem Hinterkopf hat, dann ist der Erfolg in Mathematik garantiert. Dann muss man nicht mehr viel lernen. Es geht alles wie von selbst. Aber wenn du dieses Kügelchen nicht hast, gib dir keine Mühe, versuch es gar nicht erst, es wird nicht klappen. Und wenn du dich auf den Kopf stellst, Mathematik wirst du niemals beherrschen.

Das ist die Mathematikbegabung: eine kleine Kugel im Hinterkopf. Man kann sich also eine bestimmte menschliche Eigenschaft, in diesem Fall die Begabung für Mathematik, als Sache vorstellen, die in den Köpfen mancher Menschen vorhanden ist. Sie ist mit einem Körperteil, mit einem Arm oder einem Bein vergleichbar. »Wenn du es hast, hast du Glück. Wenn du es nicht hast, versuch gar nicht erst zu rechnen, denn es klappt sowieso nicht.« Nun wissen wir alle, dass es sich so nicht verhält. Aber dieses Beispiel verdeutlicht, wie über diese Dinge gedacht wird. Wenn jemand schweigsam ist, wenn jemand Schwierigkeiten hat, seine Gefühle mitzuteilen, wenn jemand keinen Spaß am Sex hat oder was auch immer, dann stellen sich die meisten das wie eine Sache in dieser Person vor: Du bist nun einmal so.

Mehr erlernt, als man denkt

Ich stimme nicht mit der Auffassung überein, dass Menschen und Beziehungen starr und unveränderlich sind. Ich möchte etwas anderes behaupten: Menschliche Eigenschaften sind stärker erlernt, als man denkt. Die Vererbungslehre besagt, dass Eigenschaften als solche nicht vererbt werden. Was vererbt wird, ist die Anlage zu einer Eigenschaft. Um eine Eigenschaft zu entwickeln, braucht man immer ein Milieu. Wenn in diesem Augenblick in den Slums von Rio de Janeiro ein Kind geboren wird, das die Begabung eines Mozart hat, dann ist die Wahrscheinlichkeit hoch, dass das Kind den Rest seines kurzen Lebens mit der Suche nach etwas zu essen verbringen wird. Die Wahrscheinlichkeit ist groß, dass das Kind nie die Chance haben wird, seine Musikalität umzusetzen. Das ist ein großer Unterschied zu Mozart, der in einem musikalischen Milieu aufwuchs. Also bleibt festzuhalten, dass die Begabung eines Kindes vollständig verloren geht, wenn das Milieu nicht die Chance bietet, die entsprechende Begabung zu entwickeln.

Menschliche Eigenschaften werden als solche nicht vererbt, die Anlage dazu schon. In Wirklichkeit geht es um Verhalten, um Eigenschaften, die mehr erlernt sind, als man denkt. Menschen lernen zu schweigen. Menschen lernen zu sprechen. Menschen lernen, ihre Gefühle mitzuteilen. Menschen lernen, ihre Gefühle zu verschweigen. Es gibt Eigenschaften, die man in der frühen Kindheit lernt, aber es gibt auch eine Reihe von Dingen, die erst in der Beziehung gelernt werden. Die Leute bringen sich im Laufe einer Beziehung manchmal gegenseitig Dinge bei, auch wenn sie es gar nicht wollen.

Die Nörglerin und der Taube

Es ist eine wahre Geschichte: Peter hatte aus Kerstin eine Nörglerin gemacht. Aber wie war es so weit gekommen? Peter wusste es selbst nicht mehr. Es machte ihn nur immer so unglücklich, dass seine Frau eine Nörglerin war. Wenn er am Ende eines Arbeitstages nach Hause musste, dachte er: »Zu dumm, nun muss ich wieder nach Hause. Das wird wieder ein Gemecker geben.«

Wir untersuchten, wie es dazu gekommen war. Und was kam dabei zum Vorschein? In der letzten Zeit nörgelte Kerstin tatsächlich, wenn ihr Mann nach Hause kam. Er fand sogar, dass sie einen nörglerischen Charakter hatte. »Sie ist nun einmal so. Sie kann nur nörgeln.« Aber als wir uns näher damit befassten, wurde deutlich, dass sie vor ihrer Ehe überhaupt nicht genörgelt hatte.

Wir wollten herausfinden, was geschehen war. Die ersten Jahre waren gut verlaufen. Es war eine Ehe mit einer klassischen Rollenverteilung: Peter ging zur Arbeit, Kerstin war mit den Kindern zu Hause. Wenn Peter heimkam, erzählte ihm Kerstin, wie sie den Tag verbracht hatte – das tat sie zumindest in den ersten Jahren. Er berichtete, was er getan hatte, und er hörte ihr zu. Das ist sehr wichtig: Er hörte ihr zu. Aber allmählich, nach ungefähr fünf Jahren Ehe, war es für ihn immer wieder dasselbe, wenn er nach Hause kam. Er begann, immer weniger zuzuhören. Er setzte sich hin und griff nach seiner Zeitung. Seine Frau begann zu erzählen. Er hörte nicht zu. Für sie war das sehr ärgerlich.

Es gab aber bestimmte Augenblicke, in denen er zuhörte. Das waren die Tage, an denen etwas passiert war. Die ganze Woche über hörte er nicht zu, aber wenn ein kleines Drama passiert war, dann hörte er durchaus zu. Kerstin sagte: »Der Kleine ist von der Treppe gefallen und hat sich eine Beule geholt. Ich dachte zuerst, er wäre bewusstlos.« Peter reagierte sofort: »Und was hast du gemacht? War der Doktor da? Du hast ihm doch sicher einen Waschlappen auf die Stirn gelegt?« Er war interessiert. Wenn sich ein Drama abgespielt hatte, hörte er durchaus zu. Wenn sie ganz normal erzählte, hörte er nicht zu. Dieses Muster wiederholte sich immer wieder.

Darüber vergingen einige Jahre. Und was passierte? Kerstin lernte allmählich, alles, was den Tag über geschehen war, so zu erzählen, als handele es sich um ein großes Drama. Denn auf diese Weise weckte sie seine Aufmerksamkeit. Peter hatte Recht: Sie nörgelte. Die normalsten Dinge der Welt, vom Mittagessen über den Nachtisch bis zu den Kindern, wurden wie ein großes Drama aufgeführt. Es war, als sei das Ende der Welt nahe. Die Folge war, dass Peter wieder allmählich lernte, nicht zuzuhören. Dadurch nörgelte sie noch heftiger. Es begann sich ein tödlicher Kreislauf zu entwickeln: Dadurch, dass sie immer lauter wurde, begann er seine Ohren zu verschließen. Er wurde »taub«. Genau darüber beklagte sie sich. Er dagegen beschwerte sich darüber, dass sie immer nörgelte. Aber sie sagte dann: »Wenn ich es nicht dramatisiere, dann hörst du nicht auf mich.« Je mehr Genörgel, desto tauber. Je tauber, desto mehr Genörgel. Sie wurde immer lauter, und er lernte, seine Ohren zu verschließen. So landeten sie in einem Teufelskreis. Und Peter war fest davon überzeugt, dass seine Frau eine notorische Meckertante mit einem nörglerischen Charakter war.

Wenn wir den Fall bei Licht betrachten, sehen wir, dass er sie darin trainiert hatte – indem er nur dann zuhörte, wenn Dramen passierten. Das ist eine Form der Belohnung. Ein Verhalten, das belohnt wird, wird verstärkt. Sie begann immer häufiger zu nörgeln. Aber dadurch lernte er auch, seine Ohren immer mehr zu verschließen. Die Geschichte von der Nörglerin und dem Tauben zeigt, dass eine Menge Eigenschaften erlernt sein können. Verhalten wird stärker gelernt, als man denkt. Man könnte der Auffassung sein: Diese Frau ist eine Nörgeltante. Merkwürdigerweise nörgelte sie bei ihren Freundinnen aber nicht. Oder bei ihrer Familie. Nur bei ihrem Mann. Dies deutet darauf hin, dass sie sich ihr Verhalten gegenseitig beigebracht haben. Bei der Arbeit konnte er gut zuhören, aber seine Frau konnte er nicht mehr hören. Denn dafür war er taub geworden. Sie hatte ihn darin trainiert. Sie hatte ihm beigebracht, nicht mehr zuzuhören. Eigentlich geht es also um ein gelerntes Verhalten.

Anpassung oder Veränderung?

Es gibt zwei Philosophien über Beziehungen. Die erste Philosophie ist die der Anpassung: In einer guten Beziehung müssen die Partner sich aneinander anpassen. Es ist die Philosophie vom Wasser, das in den Wein geschüttet wird: Wenn die Beziehung gedeihen soll, muss man schweigen, dulden und Wasser in den Wein gießen. Es handelt sich um eine Auffassung, die viele teilen. Sie haben sie bei den Eltern und den Großeltern gelernt: »Ja, du musst dich eben ein bisschen anpassen …«

Die zweite Auffassung lautet: Es ist in einer Beziehung möglich, den Partner darum zu bitten, sich zu ändern. Wenn es um ein erlerntes Verhalten geht, ist es nämlich möglich, sich zu ändern. Wenn es um angeborenes Verhalten ginge, bliebe einem nichts übrig, als sich dem anzupassen. In einer guten Beziehung müssen Menschen den Mittelweg finden zwischen Anpassung und der Bitte um Veränderung. Sie müssen nicht alles dulden. Sie müssen auch nicht alles ändern wollen. Die Lösung liegt irgendwo in der Mitte.

In einer Beziehung macht also nicht nur Anpassung glücklich. Manchmal ist es besser, den Partner um eine Änderung zu bitten: »Ich habe das nicht so gern. Ich möchte es anders.« Im Fall von Peter und Kerstin bedeutet dies, dass Kerstin lernt, zu Peter zu sagen: »Schau mal, ich möchte gern, dass du die Zeitung weglegst, mir fünf Minuten zuhörst und danach weiterliest.« Das ist auch eine Art, um Aufmerksamkeit zu bitten. Aber es ist etwas ganz anderes, als durch lautes Sprechen um Aufmerksamkeit zu bitten. Sie muss sich nicht nur anpassen, sie kann auch um eine Änderung bitten. Es muss ein gesundes Gleichgewicht bestehen zwischen Anpassung und der Bitte um Änderung. Das ist in jeder Beziehung so.

Nun fragen sich manche: Was soll ich denn ändern und wie viel? Das hängt wiederum von jedem Partner ab. Richtig ist allerdings, dass in einer Beziehung ohne Opfer nichts verändert werden kann. Jede Veränderung kostet Mühe, Anstrengung und Zeit. Doch nun kann es passieren, dass der eine Partner den anderen bittet, sich zu ändern, und dass der andere darauf sagt: »Ich kann dir das nicht geben, das ist zu viel für mich. Wenn ich das auch noch ändern soll, dann bin ich nicht mehr ich selbst.« Damit meint er: Die Kosten für die Änderung sind zu hoch. In einer Beziehung möchte man ja auch noch man selbst sein.

Keine Veränderung um jeden Preis

Das ist einer der Gründe, warum sich Menschen trennen: weil der eine das, was der andere unbedingt fordert, nicht geben kann, ohne sich selbst aufzugeben. Die Kosten der Veränderung sind also für einen der beiden zu hoch.

Wann sind diese Kosten zu hoch? Was will ich noch ändern, weil du mich darum bittest, und wo sage ich: Hier musst du mich nehmen, wie ich bin, hier musst du dich anpassen? Das ist von Beziehung zu Beziehung unterschiedlich. Es gibt Menschen, die bereit sind, in einer Beziehung große Opfer zu bringen. Es gibt auch Menschen, die nichts dafür übrig haben. Die Regel lautet: Wenn die Kosten zu hoch werden, dann bedeutet dies das Ende der Beziehung. Die Beziehung droht zu scheitern, wenn Menschen voneinander Dinge verlangen, die sie nicht oder nur mit sehr großer Anstrengung geben können.

Eine Veränderung in einer Beziehung ist wie jede Veränderung im menschlichen Leben ein mühsamer Prozess. Man ändert sich nicht von selbst. Menschen brauchen sich andererseits nicht um jeden Preis zu ändern. Das muss jeder mit sich selbst ausmachen. Wenn der eine will, dass der andere unbedingt so oder so sein soll, muss der andere darüber nachdenken. Und wenn er zu dem Schluss kommt, dass er einen Teil dieser Dinge doch nie erreichen oder darüber unglücklich sein wird, dann sollte er besser sofort sagen: »Es geht nicht mehr. Ich kann nicht mit dir leben. Es tut mir Leid.«

In einer guten Beziehung muss zwischen der Bitte um Veränderung und der nach Anpassung eine Balance bestehen. Wenn dieses Gleichgewicht nicht mehr gehalten werden kann, dann ist der Moment gekommen, in dem Menschen beginnen, an Trennung zu denken. Denn das, was von ihnen innerhalb der Beziehung verlangt wird, übersteigt das, was sie zu geben bereit sind.

Relationales Denken

Relationales Denken meint Denken in »Beziehungen«. Um dies zu verdeutlichen, vergleiche ich das relationale Denken mit anderen Formen des Denkens. Die meisten von uns sind aufgewachsen mit einer Art des Denkens, die man »individuelles Denken« nennen könnte. Wir haben gelernt, in »ich« oder »du« oder »er« usw. zu denken. Solche Menschen kann man an der Frage erkennen, die sie stellen, wenn etwas schief geht. Wenn etwas schief geht, dann wird jemand, der individuell denkt, die Frage stellen: »Wer ist schuld? Wer hat das getan? Wer ist hier nicht normal? Wer ist hier gesund? Wer ist hier verrückt? Wer ist hier vernünftig?« Die Frage nach dem Wer bei Beziehungsproblemen zeigt also, dass angenommen wird, der Fehler liege jeweils beim anderen. Das nenne ich individuelles Denken.

Ich habe eine andere Auffassung von Beziehungen. Die Frage, die wir stellen, wenn wir uns eine Beziehung relational vorstellen, ist eine ganz andere, nämlich die Frage nach dem Wie: Wie gehen Menschen miteinander um? Das ist relationales Denken. Es bedeutet, auf die Beziehung achten zu lernen, auf den Umgang miteinander, die Wechselwirkung, die Interaktion, die Kommunikation, die Verhaltensänderung. Das alles bedeutet, auf die Beziehung zu achten, und deshalb bezeichne ich es als »relationales Denken«. Die Begriffe, in denen wir bei Problemen denken, sind also relationale Begriffe. Wir achten darauf, wie Menschen miteinander umgehen.

Was heißt das? Ich möchte auf das Beispiel von Peter und Kerstin zurückkommen, auf die Nörgeltante und den Tauben. Individuelles Denken würde in diesem Fall bedeuten: Wie kommt es, dass Kerstin nörgelt? Liegt es an ihrem Charakter? Nein, denn bei ihren Freundinnen tut sie es nicht. Individuelles Denken hieße, dass man sagt, Peter sei taub. Aber er ist nicht taub, denn bei der Arbeit hört er sehr gut. Woran liegt es dann? Das Problem hat etwas mit der Kombination zu tun: Da kommen eine Nörglerin und ein Tauber zusammen. Es liegt also an der Art und Weise, wie sie miteinander umgehen. Er hat es ihr beigebracht. Man könnte auch sagen: Sie hat es ihm beigebracht. Wenn man individuell denkt, würde man sagen: Diese Menschen gehen so miteinander um, weil sie so sind. Ihr Charakter ist zuerst da, und daraus folgt die Art und Weise, wie sie miteinander umgehen. Nun, wir drehen das um. Wir sagen: Diese Menschen sind so geworden, weil sie so miteinander umgegangen sind. Also sind das Nörgeln und die Taubheit das Ergebnis. Es handelt sich um das Ergebnis einer Interaktion.

Wie gehen wir miteinander um?

Diese Art, die Dinge zu sehen, ist nicht sehr weit verbreitet. Aber sie ist wichtig in einer Beziehung. Es geht darum, darauf achten zu lernen, wie Partner miteinander umgehen. Beim eben erwähnten Problem ging es um zwei Menschen, die immer streiten. Beide finden, dass sie das eigentlich nicht wollen. Und doch tun sie es immer wieder. Die eigentliche Frage lautet somit: Wie gehen sie miteinander um, dass sie ständig streiten müssen? Das ist besser, als zu behaupten: Es geht hier um einen sehr aggressiven Mann und eine sehr aggressive Frau (jeder mit einem sehr aggressiven Charakter), und die streiten natürlich. Streit ist ein relationales Phänomen. Es gehören immer zwei dazu. Um dieses Spiel zu spielen, muss jemand gefunden werden, der mitspielen will. Allein kann man nicht streiten. Ein Teil des Streits besteht manchmal darin, den anderen dazu zu bekommen, dass er mitmacht.

Wichtig ist nicht die Person, nicht der Charakter, nicht was in einer Person angelegt ist, sondern was zwischen zwei Personen passiert. Dort spielt sich eine Beziehung ab: in der Art und Weise, wie beide miteinander umgehen. Dazu gehört auch, wie beide miteinander sprechen. Aber es geht noch um viel mehr.

Es liegt an der Beziehung

Beim relationalen Denken unterscheidet man nicht zwischen einem guten und einem schlechten Partner. Es geht darum, in Begriffen denken zu lernen, die ausdrücken, wie Partner miteinander umgehen. Menschen übertreiben in zwei Richtungen: Manche übertreiben, indem sie alle Schuld dem anderen zuschieben, und andere suchen alle Schuld bei sich selbst. Das ist verkehrt, denn es liegt nicht ausschließlich an dem einen oder dem anderen Partner, sondern es liegt an der Beziehung. Verändert man die Art und Weise, wie man miteinander umgeht, so ändern sich beide Partner, und dann ändert sich auch die Beziehung.

Erwarten Sie also nicht, dass wir uns hier mit der Schuldfrage aufhalten; das ist nicht das Ziel. Uns beschäftigt vielmehr folgende Frage: Wie ist es nun möglich, dass es zwischen zwei Menschen nicht richtig läuft und dass weder der Fehler noch die Schuld bei einem der beiden zu suchen ist?

Paul, Anne und das Segelboot

Paul und Anne besitzen ein kleines Segelboot. Nun ist es beim Segeln üblich, sich auf eine Seite zu lehnen, um ein Gegengewicht zu schaffen. Aber was können wir bei Paul und Anne beobachten? Wir sehen, wie sich Paul auf der einen Seite herauslehnt und Anne auf der anderen Seite. Sie halten sich beide an einem Seil fest, und sie hängen beide weit über Bord, beinahe mit dem Kopf im Wasser. Wenn man Paul fragen würde: »Was machst du hier eigentlich?«, dann würde er sagen: »Hast du Anne schon gesehen? Ein Glück, dass ich an dieser Seite hänge, denn sonst wäre unser Boot schon längst gekentert.« Paul hat Recht. Danach wenden wir uns Anne zu. Sie sagt: »Hast du Paul schon gesehen? Ein Glück, dass ich hier etwas Gegengewicht schaffe, sonst wäre unser Boot schon längst gekentert.« Anne hat auch Recht.

In gewisser Hinsicht geht es hier um ein Beziehungsboot. Die Tatsache, dass beide wie auch immer in diese extreme Position geraten sind, sorgt dafür, dass sie jeweils über den anderen reden. Aber ein Beziehungsboot in Fahrt zu halten ist nicht so leicht. Beide Partner müssen gleichzeitig etwas tun. Sie könnten zum Beispiel gleichzeitig sagen: »Lass uns das Tau Stückchen für Stückchen verkürzen und so allmählich die Probleme lösen. Aber dafür sind zwei Dinge erforderlich, die in einer Beziehung sehr wichtig sind. Als Erstes brauchen wir Vertrauen. Wenn ich es mache, dann muss ich wissen, dass du es auch tun wirst. Wenn du dich nämlich noch weiter aus dem Boot lehnst, werden wir kentern. Also nehme ich an: Wenn ich aufstehen will, willst auch du das. Zweitens brauchen wir Kommunikation. Wir müssen uns gegenseitig ein Zeichen geben, wir müssen Absprachen treffen. Wenn wir Beziehungsprobleme haben, sind Vertrauen und Kommunikation außerordentlich wichtig, um wieder aus der Sackgasse herauszukommen.«

Es geht also gleichsam um ein kleines Boot, aus dem sich zwei Partner in zwei unterschiedliche Richtungen herauslehnen, aber jeder merkt, dass es nicht hilft, etwas auf eigene Faust daran zu ändern. Die Initiative dazu darf oder kann nicht nur von einer Seite ausgehen. Es wäre sogar schlecht, wenn sich nur eine Seite ändern würde; denn dann lägen beide im Wasser. Das Verhältnis zwischen beiden spielt hier die zentrale Rolle. Es liegt nicht an Paul. Es liegt nicht an Anne. Wenn Paul das Boot aufrichtet, dann muss Anne gegenhalten. Es liegt am Verhältnis zwischen Paul und Anne.

Auch in einem »Beziehungsboot« muss die Art und Weise, in der die beiden aufeinander eingestimmt sind, passen. Paul kann segeln, und Anne kann auch segeln. Und doch geraten sie in die Klemme, weil sie sich beim Segeln nicht aufeinander einstimmen. Es geht also um Übereinstimmung zwischen beiden – und nicht um etwas, das an dem einen oder dem anderen liegt.

Ich habe das Beispiel mit der Nörgeltante und dem Tauben sowie das Bootbeispiel angeführt, um zu illustrieren, was es bedeutet, »relational« zu denken. Es bedeutet, im Sinne von Beziehungen zu denken, auf die Verhältnisse zu achten und sich nicht nur auf die Individuen zu konzentrieren. Wenn es in einer Beziehung schwierig wird, sollte man nicht nach dem Schuldigen suchen, sondern herausfinden, wie die beiden miteinander umgehen.

Die gleichberechtigte Beziehung

Nun sind wir bei unserem fünften Thema angelangt: der gleichberechtigten Beziehung. Das Beziehungsmodell, das ich hier behandle, ist nicht nur das einer intimen, sondern auch einer gleichberechtigten Beziehung.

Das Beziehungsmodell der Gleichberechtigung ist neu. Bis vor gar nicht langer Zeit hatte der Mann zum Beispiel bei gesetzlichen Entscheidungen in der Beziehung mehr zu sagen als die Frau. Es gab keine gleichberechtigte Beziehung.

Zu zweit die Regeln der Beziehung bestimmen

Gleichberechtigung umfasst zwei Aspekte. Erstens kann man die Gleichberechtigung in der Beziehung vor dem Hintergrund all der anderen Systeme sehen, die in einer Gesellschaft existieren. Es hat sich etwas geändert. Früher war die Gesellschaft stark hierarchisch gegliedert. Man holte sich Rat bei einer höheren Instanz: vielleicht bei den Eltern, beim Gesetzgeber oder bei einem Geistlichen. Die Hierarchien, die es früher gab, wurden teilweise durch demokratischere Modelle ersetzt. In der modernen Beziehung etwa werden die Regeln des Spiels, die Regeln der Beziehung durch die Teilnehmer selbst bestimmt. Es sind nun die Partner selbst, die miteinander bestimmen, was es bedeutet, eine langfristige Beziehung einzugehen. Dabei ist der eine genauso viel wert wie der andere.

Früher wurden die Regeln von oben erlassen: Sind zwei Menschen miteinander verheiratet, müssen sie immer freundlich zueinander sein. Sie müssen einander immer lieben, müssen eins werden. Oft waren es romantische Ideale, die den Partnern aufgezwungen wurden. Nun bestimmen die Betroffenen selbst darüber. Das ist ein Punkt der Gleichberechtigung – und zwar der Gleichberechtigung gegenüber der Umwelt.

Verschieden sein und gleich viel wert

Ein zweiter Aspekt der Gleichberechtigung ist die Gleichberechtigung innerhalb der Beziehung selbst. Dies bedeutet, dass die beiden

Partner gleich viel wert sind. Doch da gibt es ein Missverständnis, das erst ausgeräumt werden muss. Sehr oft fasst man Gleichberechtigung als »Gleichheit« auf. Aber damit hat sie nichts zu tun – vielmehr damit, dass beide verschieden und gleich viel wert sind. Gleichberechtigung in der Beziehung bedeutet nicht, dass der eine, wenn der andere Lust auf Sahneeis hat, auch Lust auf Sahneeis haben muss. Gleichberechtigung heißt, dass jeder zu gleichen Teilen die Beziehung bestimmt und dass beide gleich viel wert sind: dass also mein Leben genauso viel wert ist wie dein Leben, dass meine Zeit genauso viel wert ist wie deine Zeit, dass das, was ich denke, genauso viel wert ist wie das, was du denkst, dass das, was ich will, genauso viel wert ist wie das, was du willst, und dass das, was ich fühle, genauso viel wert ist wie das, was du fühlst.

Das hat nichts damit zu tun, dass man halbe-halbe macht. Halbe-halbe zu machen bedeutet, dass man alles strikt durch zwei teilt: Ich schäle eine Kartoffel, du schälst eine Kartoffel. Stattdessen gilt: Du schälst Kartoffeln, während ich zum Beispiel das Fleisch zubereite. Du kochst das Essen, und ich wasche ab. Eine gleichberechtigte Aufteilung ist eine Aufteilung, mit der beide zufrieden sind, von der beide meinen, dass sie gut ist. Dies soll nicht heißen, dass bei allem, was der eine tut, der andere genau dasselbe tun muss. Es kann gut sein, dass beide verschiedene Dinge tun. Aber das setzt voraus, dass beide damit zufrieden sind.

Die Anforderungen der gleichberechtigten Beziehung

Eine langfristige Beziehung stellt neue Anforderungen an die Partner. Doch es geht oft schief, weil wir andere Dinge in der Beziehung wichtiger finden als früher, zu denen wir aber nicht erzogen worden sind:

1. **Selbstständigkeit:** In einer guten, modernen Beziehung sind beide Partner selbstständig. Sie können für das eintreten, was ihnen wichtig erscheint. Sie können für ihren eigenen Bereich innerhalb der Beziehung kämpfen. Sie können selbstständig funktionieren, die Verantwortung auf sich nehmen und auf eigenen Beinen stehen. Der eine ist also nicht die Verlängerung des anderen oder der Stützpfeiler des anderen. Die beiden Partner sind getrennte Personen, sie sind Individuen und damit nicht deckungsgleich, sondern verschieden. Und sie sind beide – jeder für sich – für die Beziehung verantwortlich.

2. **Kommunikation:** In einer modernen Beziehung muss gesprochen werden. Früher war es oft nicht so, Rollenmuster lagen schon jahrhundertelang fest. Als die Beziehung vor allem eine sachliche Beziehung war, war Sprechen viel weniger nötig als heute. In einer modernen Beziehung liegt nichts vorher fest. Beide Partner müssen selbst die Regeln bestimmen. Also müssen sie miteinander sprechen. Kommunikation, Offenheit und Sprechen sind daher grundlegend: Sie sind Bedingungen für die Demokratie in der Beziehung. Wenn ich nicht sage, was ich will, dann wird das, was ich will, in einer modernen Beziehung nicht realisiert werden. Heute muss jeder sagen, was er will. Wir sind dabei, eine neue Art von Beziehung zu schaffen. Indem wir miteinander reden.

3. **Konfliktlösung:** Die eigenständige Lösung von Konflikten hat an Bedeutung gewonnen. Wenn wir beide gleich viel wert sind, was müssen wir dann in dem Fall tun, dass jeder etwas anderes will? Früher waren viele Lösungen in Regeln und Gewohnheiten festgelegt. Aber was müssen wir jetzt tun? Die Fähigkeit, Konflikte zu lösen, ist etwas, das viele von uns als Kinder und Jugendliche nicht gelernt haben. Was tun wir, wenn ich »weiß« will, du »schwarz« willst und wir beide gleich viel wert sind? In einer modernen Beziehung führt dies oft zu Problemen. Viele Menschen weichen dem aus.

Robert und Diana gehen essen

Die beiden haben sich noch nicht entschieden, wohin sie gehen wollen. Sie verlassen das Haus, und Robert sagt: »Wohin gehen wir?« Er denkt: »Ich würde gern mal chinesisch essen.« Aber er sagt es nicht, denn er ist ein netter Kerl. Und sie denkt sich: »Ich würde gern mal zum Italiener gehen.« Sie wagt es auch nicht so recht zu sagen, weil sie weiß, dass er gern chinesisch isst; und deswegen sagt Diana: »Vielleicht könnten wir … äh … zum Italiener gehen? Aber eigentlich ist es mir ziemlich egal.« Er antwortet: »Ja, der Italiener, das ist in Ordnung, aber der Chinese ist auch nicht schlecht, oder?« – »Nein, das ist wahr.« Und es wird noch weiter hin und her geredet, und sie kommen zu dem Schluss, dass der Chinese ein Ausländer ist. Der Italiener auch, es sind beide Ausländer. Und es gibt bei beiden Reis. Und wenn sie noch weiter so reden würden, würden sie irgendwann sagen: »Eigentlich läuft es auf dasselbe hinaus, ob wir nun zum Chinesen oder zum Italiener gehen.« Und die Folgerung wäre dann: Wir gehen zu einem chinesischen Italiener oder zu einem italienischen Chinesen.

Sie lassen das Problem also unter den Tisch fallen. Sie haben es nicht gelernt, sich den Konflikt deutlich vor Augen zu führen, und deshalb können sie ihn auch nicht lösen. Sie sagen, dass es sowohl beim Chinesen als auch beim Italiener Reis gibt, und sind dann plötzlich ganz erleichtert. Aber das Problem ist nicht gelöst. Es wird immer nur umschifft. Also werden wir uns noch genau damit beschäftigen, wie man lernt, einen Konflikt zu lösen und sich ihn genau vor Augen zu führen. Das ist in einer modernen Beziehung sehr wichtig: Was tun wir beide, wenn wir unterschiedlicher Meinung sind. Denn unsere Meinung ist doch gleich viel wert. Wer hat denn dann Recht? Wenn sich Robert und Diana die Sache deutlicher vor Augen führen würden, dann könnten sie zum Beispiel einmal zum Chinesen gehen und das nächste Mal zum Italiener. Das würde funktionieren. Es ginge auch, sich für etwas anderes zu entscheiden, mit dem beide zufrieden sind. Aber sie können es nicht lösen, wenn sie sich des Problems nicht bewusst sind.

Viele von uns haben nicht gelernt, Konflikte zu lösen. Wenn im alten Bildungssystem zwei Kinder in der Schule Streit miteinander hatten, wurden beide dafür bestraft, und der Konflikt blieb ungelöst. Man stelle sich vor, der Lehrer hätte gesagt: »Ihr schlagt euch beide um den Ball. Hier ist der Ball. Kommt nach zehn Minuten zu mir und erzählt mir, wie ihr das gelöst habt.« In diesem Fall hätten sie das Problem in Angriff nehmen müssen. Sie hätten sich dafür entscheiden können, abwechselnd mit dem Ball zu spielen, oder sie hätten sich dafür entscheiden können, zusammen mit dem Ball zu spielen. Aber das ging nicht. Und so sind viele in der Überzeugung aufgewachsen, dass man keine Konflikte haben darf.

Das aber ist in einem hierarchischen Modell der Fall. Dort sind Konflikte verboten. Ich möchte das an einem Beispiel aus dem militärischen Bereich verdeutlichen, denn das Militär ist keine Demokratie, sondern ein hierarchisches System. Man stelle sich vor: Ein Unteroffizier geht mit einem Zug los und fragt seine Untergebenen, was sie tun möchten. Es gibt fünf, die nach links wollen. Sieben wollen nach rechts. Einen gibt es, der noch etwas sitzen bleiben will. Und fünf möchten erst noch eine Zigarette rauchen. Der Unteroffizier würde an diesem Tag mit seinem Zug nicht sehr weit kommen. In einem hierarchischen System kann man nicht so arbeiten, dass man sich zunächst einmal berät. Autorität ist angesagt.

In der Beziehung jedoch verhält es sich anders. Hier gilt die Gleichberechtigung, und daher ist es durchaus notwendig zu lernen, wie man Konflikte löst. Eine gleichberechtigte Beziehung erfordert eine Konfliktlösung unter Gleichen.

Sich füreinander einsetzen

Nun gibt es noch eine vierte und letzte Bedingung, die eine gleich-berechtigte Beziehung an beide Partner stellt. Sie ist eigentlich die Grundvoraussetzung und von ganz anderer Art als die anderen. Die moderne Beziehung steht und fällt damit, wie sehr sich beide Part-ner füreinander einsetzen. Gehen zwei Menschen eine Beziehung miteinander ein, dann stammen sie nicht aus derselben Familie; sie sind keine Blutsverwandten. Sie sind einander zunächst wildfremd. Die gesamte Beziehung stützt sich darauf, dass sich beide Partner füreinander einsetzen. »Ich will mit dir gehen und am liebsten ganz lange.« Es gibt einen Unterschied zwischen Selbstverständlichkeit und Einsatz. Die Selbstverständlichkeit der Verliebtheit ist nicht das-selbe, wie sich füreinander einzusetzen. »Bei dir fühle ich mich gut« zu sagen ist nicht dasselbe, wie sich füreinander einzusetzen.

Man kann erst davon sprechen, dass man sich füreinander ein-setzt, wenn die Selbstverständlichkeit aufhört. »Trotz der Tatsache, dass du nicht bist, wie ich dich in meinen Träumen vor mir sah, setze ich mich für dich ein.« Sich füreinander einzusetzen findet nicht im Wolkenkuckucksheim irgendwo über der Beziehung statt. Es äußert sich konkret in dem, was beide Partner tun oder nicht tun. Wenn sich zwei in einer Beziehung füreinander einsetzen, kann man es sehen. Man muss nicht daran glauben, man muss es festhalten, an-fassen, aufzählen und empirisch feststellen können. Sie steht nach dem Essen auf, er steht auch auf und räumt den Tisch mit ab. Sie be-sucht mit ihm ein Theaterstück, das er gern mit ihr zusammen sehen möchte. Mitten in der Nacht stehen sie abwechselnd auf und beru-higen das Baby. Das alles ist gleichbedeutend damit, dass man sich füreinander einsetzt.

Sich in einer Beziehung füreinander einzusetzen hängt also mit dem zusammen, was sich sonst noch in ihr abspielt. Das Engagement füreinander (auch als »gebende Liebe« bezeichnet) ist die zentrale Achse und die treibende Kraft einer Beziehung. Jede Verbesserung der Beziehung hängt damit zusammen. Was habe ich für dich und für unsere Beziehung übrig? Sich füreinander einzusetzen hat auch mit Entscheidungsfreiheit zu tun. Man kann sich nur für etwas entscheiden, wenn man es auch ablehnen kann. Man kann in einer Beziehung nur ja sagen, wenn man auch nein sagen kann. Man kann sich nur füreinander einsetzen, wenn man sich vorher dafür entschieden hat. Wer sich also für eine intensivere Beziehung einsetzen will, kann der Entscheidung nicht ausweichen. Will ich mit dir weitermachen? Alles zusammengenommen, Kosten und Nutzen, entscheide ich mich dafür, mit dir weiterzumachen. Diese Entscheidung ist eine persönliche und individuelle Entscheidung, die jeder Partner für sich selbst trifft.

Kapitel 2: In der Beziehung für sich selbst eintreten

In Lebensgemeinschaften sind Selbstständigkeit, Selbstsicherheit und individuelle Bereiche von großer Bedeutung. Partner brauchen innerhalb einer langfristigen Beziehung eine Reihe von Dingen, die nur ihnen gehören. Solch ein gesundes »Besitzdenken« ist wichtig in einer Beziehung. Dieses Bedürfnis, Dinge für sich selbst besitzen zu wollen, wird auch Revierbedürfnis genannt. Die entsprechende Theorie geht auf Verhaltensbeobachtungen an Tieren zurück.

Platzhirsch & Co.

Tiere zeigen bestimmte Verhaltensweisen, die darauf abzielen, einen eigenen Lebensbereich (Revier) abzustecken, ihn zu verteidigen und zu beherrschen. Dieses Verhalten wird als Revierverhalten bezeichnet. In dieser Hinsicht haben Tiere eine Art angeborene Form des Umgangs miteinander. Um ein Revier einzunehmen und abzustecken, geben sie bestimmte Signale an ihre Artgenossen, mit denen sie deutlich machen, dass dieses Revier schon besetzt ist. Meistens wird der Artgenosse diese Signale respektieren. Und darum kommt es zwischen Artgenossen auch nicht zu echten Kämpfen. Es handelt sich um ein angeborenes Verhaltensmuster, das eine bestimmte Tierart aufweist. So ist das Zwitschern der Vögel kein romantischer Herzenserguss, sondern ein Signal, das bedeutet: Dies hier ist mein Lebensbereich, mein Revier. Die Artgenossen wissen dadurch Bescheid und werden dieses Revier respektieren.

Terrains abstecken

Dieses Verhalten kommt auch bei Menschen vor. Innerhalb der Beziehung gibt es eine Reihe von wichtigen Terrains. Partner in einer Beziehung haben ein Bedürfnis nach Aufmerksamkeit, dem Verfügungsrecht über eigene Gedanken und Gefühle, nach einer Fluchtburg, bestimmten Gebrauchsgegenständen sowie einer ganzen Reihe von Aufgaben.

Die Aufmerksamkeit des Partners

Eines der wichtigsten Terrains innerhalb der modernen Beziehung ist die Aufmerksamkeit des Partners. Jeder will ab und zu der Wichtigste für den anderen sein. Ein besonders schlagendes Beispiel ist hier das Fernsehen. Erfahrungen mit Hunderten von Beziehungen, in denen es Irritationen und Konflikte rund ums Fernsehen gab, machen eines deutlich: Das Problem wurde nicht durch die Verabredung gelöst, einfach weniger fernzusehen, sondern nur durch Absprachen, durch die man die Aufmerksamkeit des anderen auf sich zog. Man verabredete Zeiten, in denen man ohne TV- oder Radioberieselung zusammensaß, auch die Zeitung weglegte und miteinander über Dinge redete, die für beide wichtig waren. Verabredungen, durch die nur das Fernsehen geregelt wurde, waren nicht die Lösung. »Er sieht nun weniger fern, aber er liest Zeitung. Was habe ich davon?« Der Fernsehapparat ist der Staubsauger, der die Aufmerksamkeit einer Familie aufsaugt. Wenn eine Frau irritiert ist, weil ihr Mann zu viel fernsieht, dann heißt das – bei gründlicher Analyse – immer wieder, dass diese Frau meint, der Mann beachte sie zu wenig.

Mutters Rückenschmerzen

In einer Familie passiert es schon einmal, dass die Mutter zu wenig Aufmerksamkeit bekommt. Die Kinder schenken ihr keine Beachtung mehr. Sie reden miteinander, als gäbe es sie nicht. Das geht so lange, bis Mutter plötzlich anfängt, über die eine oder andere körperliche Beschwerde zu klagen (Rückenschmerzen zum Beispiel). Wenn die Mutter über ihren Rücken klagt, erhält sie plötzlich durchaus Aufmerksamkeit und Mitgefühl. Die Mutter lernt, über ihren Rücken zu klagen. Die Mutter lernt (ohne sich dessen bewusst zu sein), dass Rückenschmerzen das einzige Mittel sind, um Aufmerksamkeit auf sich zu ziehen. Sie wird ihre Rückenschmerzen behalten, bis sie gelernt hat, auf eine andere Weise die Aufmerksamkeit für sich einzufordern.

> Familienmitglieder und Partner kultivieren solche kleinen oder großen chronischen Leiden, die geradezu stellvertretend sind für die Aufmerksamkeit des Partners oder der Familienmitglieder. Der Vater bekommt es ein wenig am Magen, die Mutter hat eher vage Rückenschmerzen, die Tochter manchmal etwas Hautausschlag, der Sohn verrenkt sich beim Sport das Knie, der andere Sohn hat eine auffällige Frisur, die die Aufmerksamkeit auf sich zieht usw. Es kann also auch die Kleidung, die Haltung, die Ordnung im eigenen Zimmer, die Art, zu gehen, zu stehen oder zu liegen sein, durch die man innerhalb einer Familie Aufmerksamkeit erfährt. Wir werden später sehen, dass selbst eine Strafe in einer Familie eine Belohnung sein kann. Denn auch in ihr manifestiert sich viel Aufmerksamkeit.

Aufmerksamkeit ist ein zentrales Territorium innerhalb einer Beziehung. Ich erinnere mich an ein Paar, bei dem alle möglichen sexuellen Beziehungen mit Dritten toleriert wurden. Dies galt zumindest, wenn sie nicht zu einer intensiven Aufmerksamkeit für diese Personen führten. Sex mit Dritten war möglich, und erst echte Aufmerksamkeit für Dritte war wirkliche Untreue. Für viele andere sind Sexualität und der Austausch von Zärtlichkeiten die wichtigste Art der Aufmerksamkeit füreinander.

Eine Fluchtburg

In manchen Partnerbeziehungen kommt es auch zu Schwierigkeiten, wenn sich ein Partner ab und zu in eine »Fluchtburg« zurückzieht. Er fühlt sich dann schuldig, weil es ihm auch gut geht, wenn er einmal allein mit sich ist. In einer Fluchtburg kann man sich ungestört vom Partner oder den Familienmitgliedern mit seinen eigenen Gedanken beschäftigen. Es kann sich beispielsweise um einen Ort handeln; ein gutes Beispiel war der Hobbyfotograf Frank mit seiner Dunkelkammer, in der er Fotos entwickelte. Dieses Zimmer war mit einer roten Lampe an der Tür ausgestattet. Solange die rote Lampe brannte, durfte seine Frau ihn nicht stören. Wenn sie dann nämlich hereinplatzte, wurden die Fotos schwarz.

Aber eine Fluchtburg kann auch eine Situation sein, in der man sich ungestört mit seinen eigenen Gedanken beschäftigt. Wenn eine

Frau morgens eine Stunde früher aufsteht, um einmal eine Stunde allein für sich zu sein, wenn ein Mann eine Stunde länger aufbleibt, um das ruhige Haus zu genießen, während Frau und Kinder schlafen, dann sind das Arten, sich Fluchtburgen zu schaffen. Beziehungspartner brauchen Fluchtburgen.

Bei jungen Paaren wird die Tatsache, dass sich einer von beiden zurückzieht, manchmal vom anderen irrtümlich als Zeichen von Ärger oder Abneigung verstanden. Das gibt Anlass zu Konflikten und Streit, die für sich genommen sehr extreme Formen des Austauschs von Aufmerksamkeit sind.

Mein und Dein

Auch in einer Lebensgemeinschaft, in der die Partner juristisch gesehen über alles gemeinsam verfügen, haben sie das Bedürfnis, gewisse Dinge allein für sich zu besitzen. Es stört Jan, wenn Lisa seine Lieblingsplatte unachtsam behandelt. Es stört sie, wenn er ihre Schere herumliegen lässt. »Du hast wieder meinen Stift benutzt. Wo ist meine Nagelfeile? Meine Tasche? Mein Portemonnaie? Mein Tennisschläger? Meine Stereoanlage?«

Auch Beziehungspartner entwickeln Besitzansprüche auf eine Reihe von Gebrauchsgegenständen. Sie wollen das Gefühl haben, dass ihnen diese Dinge zur Verfügung stehen. Dass sie sie benutzen können, wenn sie sie brauchen. Dass der Partner oder die Kinder sie sorgfältig behandeln und nach Gebrauch zurücklegen, damit sie sie sofort wiederfinden. Dies deutet darauf hin, dass man das Gefühl entwickelt, Besitzer dieser Dinge zu sein. Es geht also nicht um das rechtliche Eigentum, sondern um das psychologische Eigentum.

In einer Beziehung kann es zu großen Konflikten um diese kleinen Dinge kommen, die oft sehr gefühls- und bedeutungsbeladen sind. »Den Füller, den ich von dir bekommen habe, hast du jetzt verloren.« Diese Empfindlichkeiten gibt es auch unter Kindern. Konflikte über so genanntes gemeinsames Spielzeug sind einfach zu lösen: Jedes Kind erhält wirklich etwas Eigenes, sodass man es einander leihen oder es tauschen kann; danach bekommt man es immer wieder zurück. Auch hier gilt, dass man nur dann etwas geben kann, wenn man es wirklich besitzt.

Gedanken und Gefühle

Innerhalb einer Partnerbeziehung sollten die Partner weiterhin eine Reihe eigener Gedanken und Gefühle haben dürfen. Bei den Gedanken geht es manchmal um persönliche Erinnerungen, Fantasien und Tagträume.

Der andere reagiert leicht irritiert, wenn der Partner sich ungefragt damit beschäftigt: »Was denkst du? Worüber grübelst du nach?« Der Partner kann diese persönlichen Gedanken durchaus mitteilen, wenn er sich selbst dazu entschließt. Wenn er aber verpflichtet wird, sie zu erzählen, fühlt er sich unter Druck gesetzt. Wenn ohne Erlaubnis sein Tagebuch gelesen wird, wird in seinem Revier »gewildert«: »Wenn du in meinen alten Fotos oder in meiner Privatschublade neben meinem Bett herumschnüffelst, bin ich einigermaßen irritiert. Wenn du den Inhalt meiner Handtasche untersuchst oder wenn ich deine Briefmappe leere, ruft das eigenartige Gefühle hervor. Wenn du meine Briefe liest, ohne dass ich sie dir gegeben habe, fühle ich mich nicht wohl damit.« Jeder Partner hat ganz eigene Vorstellungen darüber.

Gefühle hat man nicht unter Kontrolle; Gefühlen ist man unterworfen. Wenn ich Jan nicht sympathisch finde, mein Partner aber schon, dann ist das einfach so. Wenn ich von einem Film gerührt bin und mein Partner nicht, bleibt das meine Sache. Wenn mir bei einer Bach-Kantate die Tränen kommen und mein Partner nichts Besonderes daran findet, dann ist das eben so. Die Rührung überkommt mich. Sie ist nicht gut oder schlecht. Sie ist einfach da. Ich kann sie nur mitteilen: »Ich habe gar keinen Grund, dich auszulachen, wenn du dir mit Tränen in den Augen einen melodramatischen Film ansiehst. Du bist gerührt.«

Herr über den eigenen Körper sein

Innerhalb einer Beziehung spielt auch das Gefühl eine große Rolle, Herr über den eigenen Körper zu sein. Nur wenn jemand dieses Gefühl hat, kann dieser Körper und dieses körperliche Wohlbehagen mit einem anderen Menschen geteilt werden. Mein Körper – das bin ich selbst. Darum legen wir Wert auf die eigene Erscheinung (und auf die des Partners). Offenbar ist es in unserer Kultur wichtiger, schön zu sein, als sich gut zu fühlen. Bemerkungen über die Kleidung und das Äußere verletzen zutiefst: »Was hast du denn mit deinen Haaren gemacht?«

Auch Schwierigkeiten auf sexuellem Gebiet ergeben sich, wenn ein Partner zu schnell ins körperliche Revier des anderen vordringt. Der andere fühlt sich dann überfahren, und das mindert das sexuelle Vergnügen oder führt sogar dazu, dass keine Lust mehr möglich ist. Wenn er aber gefragt wird und die Möglichkeit hat, ja oder nein zu sagen, ist die Vorbedingung für guten Sex erfüllt. Das Gefühl, Herr über sich selbst zu sein, muss einem Gefühl vorausgehen, sich preisgeben zu dürfen.

In vielen Beziehungen überlässt es ein Partner dem anderen, sich um das Äußere zu kümmern. Wenn dies für beide klar ist, gibt es keine Schwierigkeiten. Oft ist noch immer das Äußere des Mannes Sache seiner Frau. Das geht so weit, dass sie nach seinem Äußeren beurteilt wird. Sieht er ordentlich aus, dann ist das eine Leistung seiner Frau. Sie wird dafür gelobt (und er achtet nicht mehr selbst auf seine Kleidung).

Die Aufgabenverteilung

Sie ist in vielen Beziehungen ein Problem. In der klassischen Ehe war die Aufteilung klar. Sie war an das Geschlecht gebunden. Ein Mann widmete sich dem Garten und den großen Aufgaben oder Reparaturen im Hause. Die Frau war für alles andere zuständig. Werkelte er in der Küche, so tat er dies nur unter ihrer Aufsicht und um ihr zu helfen.

In der modernen Beziehung herrscht mehr Unsicherheit darüber, wer was tut oder wer wofür aufkommt. Beide Partner bestimmen ja selbst die Spielregeln. Jeder Partner hat ein Bedürfnis danach, Terrains für sich selbst abzustecken. Es ist ein gutes Gefühl, für eine Reihe von Aufgaben verantwortlich zu sein und die Kontrolle darüber auszuüben. Die Tatsache, dass man für eine Aufgabe verantwortlich ist, lässt sie interessant werden, auch wenn sie für sich genommen unwichtig und eintönig ist. In vielen Beziehungen kommt es zu Schwierigkeiten, weil der Unterschied zwischen der Verantwortung für eine Aufgabe und der Ausführung der Aufgabe nicht klar ist. Verantwortlich ist der, der die letzte Kontrolle über die Aufgabe hat; er ist der eigentliche »Chef«. Der Ausführende mäht beispielsweise den Rasen; seine Frau sagt, wann, wie und wie oft. Außerdem sagt sie: »Wenn du schon den Rasen mähst, willst du dann nicht gleich noch die Rosen umpflanzen?« Er pflanzt die Rosen um. Sie sagt: »Nein, ich finde die Rosen da doch nicht so gut. Setzt du sie wieder auf ihren alten Platz zurück?« Er tut es, er ist der Ausführende. Sie ist die wahre Verantwortliche für das Rasenmähen, obwohl sie immer sagt: »Es ist deine Aufgabe.«

Wie dieses Beispiel zeigt, führt die Aufteilung von Kontrolle und Ausführung einer Aufgabe in vielen Beziehungen zu Problemen. Er denkt, dass er der Verantwortliche ist, weil er die Arbeit macht, und ärgert sich über ihre Qualitätskontrolle. Im Prinzip gibt es hier drei Lösungen:

1. Sie übergibt ihm auch die Kontrolle über das Rasenmähen und befürchtet das Schlimmste: Er wird sicher seiner Verantwortung nicht nachkommen und den Garten verwildern lassen. Meistens geschieht aber das Gegenteil: Wenn er wirklich die Verantwortung hat, wird er diese Aufgabe sehr ernst nehmen. Bei dieser Lösung werden also Kontrolle und Ausführung wieder in einer Person vereinigt.

2. Die zweite Lösung besteht darin, dass der Ausführende in einem anderen Bereich des Partners, der die Verantwortung hat, einen Ausgleich erhält: »Ich tue es für dich, weil ich auf einem anderen Gebiet so viel von dir bekomme.« Der Ausführende wird gleichsam für seine Anstrengungen belohnt.

3. Die dritte Lösung – die recht selten vorkommt – besteht darin, dass der Ausführende selbst eine Reihe von Vorteilen daraus zieht, dass er die Aufgabe übernimmt. Er will zum Beispiel im Sommer

draußen arbeiten, um in der Sonne braun zu werden. Was auch immer sie in dieser Zeit von ihm verlangt, er tut es mit Vergnügen, wenn es sich nur draußen abspielt. Er wird ja braun. Wenn man diesen Unterschied zwischen Kontrolle und Ausführung erst einmal für sich entdeckt, können ziemlich viele Schwierigkeiten in einer Beziehung gelöst werden.

So viel zu einer Reihe von Terrains, die für viele in der partnerschaftlichen Beziehung wichtig sind. Wie viele dieser Privatbereiche muss man nun haben? Nun, dafür gibt es keine Regeln. Es gibt nur die Bedürfnisse beider Partner. Dabei geht es um das, was jeder wirklich braucht, um gut leben zu können. Die Partner können hier sehr unterschiedlich sein, und auch das kann zu Konflikten führen.

Ein gutes Beispiel dafür ist der so genannte »Aufmerksamkeit-Fluchtburg-Konflikt«. Bei diesem Konflikt hat der eine das Bedürfnis nach Aufmerksamkeit genau dann, wenn der andere das Bedürfnis nach einer Fluchtburg hat. Wenn der Partner, der arbeitet, zu dem kommt, der schon den ganzen Tag zu Hause ist, ist dies in vielen Familien ein klassischer Augenblick. Der eine will Ruhe und Stille, der andere braucht Aufmerksamkeit und ein Gespräch. Aber beides auf einmal geht nicht.

Schwierigkeiten bei der Aufteilung der Terrains

Vier Phänomene spielen hier eine Rolle:

- Aggression,
- Selbstbewusstsein,
- Feindschaft und
- Irritation.

Aggression

In der Forschung über das Revierverhalten beim Menschen wird Aggression als etwas Neutrales betrachtet. Viele von uns verstehen unter Aggression Zorn, Gebrüll und Gewalttätigkeit. Damit hat Aggression in diesem Zusammenhang nichts zu tun. Aggression meint hier eine Ausweitung des eigenen Reviers, mit welchen Mitteln auch immer. Wenn jemand in der Beziehung sein Revier vergrößert, dann ist das also Aggression. Wir betrachten mithin nur den Effekt, nicht die Absicht. Wie im Folgenden klar werden wird, schafft dies in vielen Beziehungen Deutlichkeit.

Franz, Maren und der Frauentreff

Schon seit Jahren geht Maren am Donnerstagabend zum Frauentreff. Dieser Abend ist ihr Revier. An einem bestimmten Tag jedoch tut Franz etwas, das sie dazu bringt, an diesem Abend bei ihm zu bleiben und ihm ihre Aufmerksamkeit zu widmen. Ob Franz nun bewusst darauf hinarbeitete oder es ihm zufällig gelang, einen ihrer Abende beim Frauentreff war sie los. Wie er das gemacht hat, ist hier nicht wichtig. Ebenso unwichtig wie die Mittel sind auch die Absichten. Wir wollen uns hier ganz auf den Effekt konzentrieren. Diesen Effekt kann man auf dem Kalender eintragen: Donnerstag, 1. Mai: Treff, Donnerstag, 8. Mai: Treff, Donnerstag, 15. Mai: zu Hause. Diesem Mann ist es gelungen, seiner Frau einen Abend abzuluchsen. Ob dies nun »gut« oder »schlecht« ist, ist hier nicht von Bedeutung – nur der Effekt zählt.

Aggressivität gegenüber dem Partner entspricht einer effektiven Revierausweitung in das Gebiet hinein, das vorher dem Partner gehörte. Früher war er für die Finanzen zuständig, seit einem Jahr ist sie es. Sie ist aggressiv gewesen. Wie sie ihm diese Aufgabe abgenommen hat, spielt hier keine Rolle.

Selbstbewusstsein

Selbstbewusstsein ist eine Haltung, die sich folgendermaßen beschreiben lässt: »Ich habe es, und ich halte es fest.« Es läuft darauf hinaus, dass das eigene Territorium verteidigt werden kann, wenn der Partner versucht, aggressiv zu werden. Wenn wir zu unserem Beispiel mit der Frau zurückkehren, die donnerstags immer zum Frauentreff geht, dann bedeutet dies, dass sie trotz seines Versuchs, sie zu Hause zu halten, geht. »Ja, Schatz, ich verstehe, dass du sehr müde bist, aber dies ist mein Abend, und ich gehe zum Treff.« Sie hat diesen Abend, und sie hält daran fest; darum geht es. Oder wenn er Bemerkungen über ihre Art zu kochen macht: »Schatz, ich weiß, dass dich das stört, aber das ist mein Stil, so koche ich am liebsten.« Selbstbewusstsein vermittelt ein gutes Selbstwertgefühl und führt zu einem eindeutigen Verhältnis zueinander. Man wird als Partner respektiert.

Feindschaft

Feindschaft ist ein vernichtendes Verhalten als Reaktion auf die Tatsache, dass der eine Partner dem anderen ein bestimmtes Revier abgenommen hat. Feindschaft heißt, es ihm heimzuzahlen. Feindschaft ist die ohnmächtige Reaktion des Partners, der Terrain verloren hat. Sie bringt nichts ein, sondern ist oft eine nicht unmittelbare, verspätete Reaktion. In unserem Beispiel fühlt sich die Frau vielleicht verpflichtet, doch zu Hause zu bleiben, und verdirbt ihm dann »aus Rache« den Abend: Der Tee ist zu bitter, die Chips sind alt, sie nörgelt über Geldsorgen und über die Kinder. Sein Abend ist auf diese Weise beim Teufel. Dennoch hat sie dadurch nichts zurückgewonnen, denn sie ist nicht beim Frauentreff gewesen.

Dadurch, dass Partner einander auf eine falsche Weise lieben und mehr geben, als sie von Herzen geben wollen, entwickelt sich in vielen Beziehungen nach Jahren eine tiefe Feindschaft. Er bat um etwas, und sie sagte ja. Er bat wieder um etwas, und erneut sagte sie ja. Er nahm etwas anderes, und sie schwieg. Sie sagte immer wieder: »Ja, Schatz, du darfst das haben.« Nach zehn Jahren Beziehung haben sie ein völlig gestörtes Verhältnis. Er genießt die angenehmen und interessanten Seiten; sie hat die Last. Darum wird sie feindselig reagieren, krank oder depressiv. Sie bekommt »hysterische« Anfälle, die überhaupt nicht zu begreifen sind. Sie wirft mit Porzellan. Sie vergisst wichtige Dinge. Sie erzählt in Gesellschaft seiner Kollegen sehr intime, negative Dinge über ihn, ohne dass sie sich der Grenzüberschreitung bewusst ist. Sie weint. Sie ist unglücklich. Sie macht die Atmosphäre in der Familie kaputt. Das alles sind Beispiele für feindseliges Verhalten. Irgendwann geht sie zum Rechtsanwalt und reicht die Scheidung ein. Er versteht das alles nicht …

Viele problematische Verhaltensweisen in einer Beziehung lassen sich erklären, wenn man einmal die territoriale Situation beider Partner genau unter die Lupe nimmt. Man kann daran erkennen, dass der eine zum Beispiel beinahe alles bekommt und der andere nichts als Lasten. Es wird dann auch sehr verständlich, dass derjenige, der sich stets alles hat abnehmen lassen (unbemerkt, Stück für Stück), destruktiv wird. In diesem Sinne ist das Leben mit einem Partner, der immer ja sagt, langfristig gefährlicher als mit einem Partner, der auch einmal nein sagt.

Echtes Geben in einer Beziehung

Wenn all das so ist: Ist Geben in einer Beziehung überhaupt noch möglich? Sicherlich, aber echtes Geben setzt voraus, dass zumindest die Alternative besteht, das zu behalten, was man hat, und dass man sich nicht verpflichtet fühlt zu geben. Von Herzen geben bedeutet, sich klarzumachen, dass man etwas hat und es auch behalten kann, aber dass man sich entscheidet, es wegzugeben. Dadurch wird man nicht feindselig. Im Gegenteil: Wirklich etwas zu geben gehört zu den großartigsten Formen der Erfüllung in einer Beziehung.

In unserem Beispiel mit dem Frauentreff würde dies bedeuten, dass die Frau die Situation frei von jedem Schuldgefühl betrachtet und aus freien Stücken beschließt: »Ich bleibe bei dir«, weil sie ihm diesen Abend schenken will. In dieser Reaktion wird keine Spur von Feindseligkeit zu finden sein.

Irritation

Bei alldem spielt eines der wichtigsten Gefühle in einer Beziehung eine große Rolle: die Irritation. Meine Irritation ist die Alarmglocke, dass mein Partner in mein Revier eindringt. Sie ist ein sehr wichtiges Gefühl. Wenn ich mir meiner Irritation rechtzeitig bewusst werde, kann ich die territoriale Situation beurteilen und eine Entscheidung treffen: Ich gebe es dir, oder ich behalte es.

Viele von uns haben in ihrer Erziehung gelernt, über ihre Irritation hinwegzusehen. Dies fördert aber die Feindseligkeit. Wenn ich nämlich nicht merke, dass der andere einen Übergriff auf mein

Terrain startet, und es geschehen lasse, dann ist es sehr wahrscheinlich, dass ich nur noch reagieren kann. Nachträgliche Reaktionen sind meist feindselige Reaktionen. Ein Partner muss also immer gut auf seine eigenen Irritationen achten. Sie sind eine wichtige Informationsquelle. Sie bewirken, dass ein Partner rechtzeitig selbstbewusst reagieren kann, und verhindern, dass er feindselig wird.

Was kann man daraus lernen? Man sollte sich Zeit nehmen, die eigenen Irritationen aufzuspüren und die Grenzstreitigkeiten zu lösen, die damit einhergehen. Wenn man einmal darüber nachdenkt, was es in einer Beziehung bedeutet, »etwas für sich selbst zu haben«, dann gilt dies vor allem für Situationen, in denen ein Partner feindselig zu werden droht oder Grenzstreitigkeiten beiden das Leben schwer machen.

Gemeinschaftliches Terrain?

Sehr viele Terrains in einer Beziehung gehören beiden Partnern gemeinsam und bereiten keine Schwierigkeiten. Es herrscht Vertrauen, dass beide ihr gemeinschaftliches Terrain gut verwalten. Es gibt eine gemeinsame Kontrolle. Die Normen werden gemeinschaftlich festgelegt. Die einzelnen Aufgaben werden entweder aufgeteilt oder zusammen ausgeführt. Wichtige Bedingungen hierfür sind Vertrauen und Kommunikation. Jeder muss darauf vertrauen, dass der andere sich wirklich einsetzen wird und die Aufgabe wirklich erfüllen kann. Außerdem muss man ständig über die Ausführung und die Kontrolle kommunizieren.

Nehmen wir das Beispiel der Kindererziehung. Beide Partner sind für die Erziehung ihrer Kinder verantwortlich. Sie besprechen sie gemeinsam. Sie stellen zusammen die Grenzen und die Regeln auf. Tatsächlich kann dies bedeuten, dass der eine die Kinder ins Bett bringt, während der andere sie morgens weckt. Aber wenn der eine sie ins Bett bringt, führt er dies nach den Normen aus, die sie zusammen aufgestellt haben: Waschen, Zähneputzen, eine Geschichte erzählen usw. In einer gut funktionierenden Beziehung ist eine Reihe von Terrains ganz selbstverständlich gemeinschaftlich: das Haus, der

Garten, das Auto, die Erziehung der Kinder. Dieses Gefühl, etwas zu besitzen, gilt vor allem gegenüber Dritten.

Wenn aber Streitigkeiten zwischen den Partnern entstehen, ist es manchmal erforderlich, die Grenze zwischen Mein und Dein genau zu ziehen. Scharf abgesteckte Grenzen sind eine Zeit lang nötig, bis es wieder besser läuft. Diese territorialen Probleme lassen sich an der Art und Weise verdeutlichen, wie die Finanzen innerhalb einer Beziehung verwaltet werden. Es sind verschiedene gute Lösungen möglich:

1. In manchen Beziehungen wird eine Kasse eingerichtet, und jeder kann daraus nehmen, was er oder sie braucht. Das läuft ausgezeichnet, wenn beide die Gemeinschaftskasse gut verwalten. Es gibt keine Irritationen wegen der Finanzen.
2. In anderen Beziehungen behält jeder sein eigenes Einkommen. Dies kann jedoch bei dem Partner, der weniger verdient, zu Frustrationen führen, weil er weniger Geld zur Verfügung hat.
3. Eine dritte Möglichkeit besteht darin, zwei Kassen zu haben: Es gibt eine große Gemeinschaftskasse für alle Kosten der Familie. Daraus kann sich jeder für Dinge bedienen, die die Familie betreffen: Lebensmittel, Kleidung usw. Auch die gemeinsamen Kosten für das Haus werden daraus bezahlt. Jeder Partner hat aber noch eine kleine eigene Kasse für das, was man »Extraausgaben« nennen könnte: Geschenke, Kneipenbesuche, Zigaretten, Zeitschriften usw. Diese Extras werden von beiden Partnern bezahlt; aber mit dem kleinen Betrag macht jeder, was er will, ohne im Detail dem anderen darüber Rechenschaft ablegen zu müssen. Beide tragen etwas zur Gemeinschaftskasse bei – durch ein Gehalt oder durch die Arbeit im Haushalt (denn sie ermöglicht es dem anderen erst, im Job sein Geld zu verdienen). Diese dritte Möglichkeit verhindert, dass einer von beiden immer den anderen um Taschengeld bitten muss. Es gibt dem Partner ein angenehmes Gefühl der Autonomie.

Ein Stück Autonomie bewahren

Wenn in einer Beziehung alle Territorien aufgeteilt würden, liefe das natürlich auf eine Trennung von Tisch und Bett hinaus. Das ist sicher nicht der Sinn der Sache. Ich will vielmehr die Aufmerksamkeit darauf lenken, dass jeder Partner ein Besitzgefühl über eine Reihe von Dingen entwickelt. Eine gewisse Autonomie ist durchaus wünschenswert. Klassische Beziehungen sind dadurch gekennzeichnet, dass es beiden Partnern an Autonomie fehlt. Ist die Beziehung noch neu, führen die Partner oft eine Art Junggesellenleben weiter, in dem es zu wenig Gemeinschaft gibt.

Bea und ihre Mutter

Territoriale Probleme können sich auch zwischen den Generationen ergeben. So war Bea eine Frau, die im Haushalt übertriebene Sauberkeit an den Tag legte. Es konnte ihr nie ordentlich genug sein. Sie machte sich selbst mit Scheuern und Saubermachen ganz kaputt und tyrannisierte auch ihre Mitbewohner. Selbst hatte sie sehr wenig Zeit, um auszuspannen. Ihre einzige Freude war das Putzen. Wenn sie sich einmal erlaubte, sich auf einen Stuhl zu setzen, musste sie sofort wieder aufstehen und weiterputzen. Auf dem Stuhl fühlte sie sich regelrecht schuldig. Ausspannen funktionierte nicht.

Wenn sie darüber nachdachte, hörte Bea, während sie so untätig dasaß, ihre Mutter sagen: »Das darfst du nicht; eine wirkliche Hausfrau ist nie mit der Arbeit fertig.« Ihre Mutter, die schon Jahre tot war, schien aus ihrem Grab heraus noch nach dem Territorium zu greifen, dessen Herrin ihre Tochter schon lange zu sein glaubte. Sie wurde erst zur wirklichen Herrin ihres Haushalts, nachdem sie von den Normen, die ihre Mutter ihr eingeprägt hatte, Abstand genommen hatte, nachdem sie gleichsam zu ihrer Mutter gesagt hatte: »Mutter, dies ist mein Leben. Du hast hier nichts verloren.«

Dieses Beispiel zeigt sehr gut, was Erwachsenwerden in territorialen Begriffen bedeutet: dass man sein Leben in die eigenen Hände nimmt und sich von den Einflüssen frei macht, denen man einmal unterworfen war.

Kapitel 3: Verdeckte und offene Methoden der Revierverteidigung

In einer Beziehung setzen beide Partner alle möglichen Methoden und Kniffe ein, um ihr Revier zu verteidigen und es auszuweiten. Manche Methoden sind offen, andere sind verdeckt. Solche verdeckten Methoden zur Revierverteidigung nenne ich »Waffen«. Sie haben natürlich nichts mit Gewalt zu tun. Es geht im Gegenteil um Methoden, die es dem einen Partner leicht machen, von dem anderen etwas zu bekommen, ohne dass diesem klar ist, dass er Terrain verliert.

Verdeckte Methoden oder Waffen

Definition

Jeder Partner hat seine eigenen »Kampftechniken«, die er schon öfter eingesetzt hat und die sich als wirkungsvoll erwiesen haben. Eine erste Waffe, die im Beziehungsstreit eingesetzt wird, ist die Definition. Eine Definition ist eine Aussage darüber, wie jemand oder etwas ist. Wenn ein Mann in einer Beziehung das Windelnwechseln als »Frauenarbeit« definiert, liegt es auf der Hand, dass seine Frau das erledigen wird. Definiert sie den Abschluss der Versicherungen als »Männerarbeit«, wird er sie übernehmen müssen, zumindest wenn er diese Definition akzeptiert. So gibt es viele Definitionen, die in einer Beziehung eine Rolle spielen.

Mia, Robert und der Volleyballverein

Zwischen Mia und Robert kam es zu Streitigkeiten wegen Roberts Volleyballtermin am Freitagabend. Mia war der Auffassung, dass ihr Mann zu spät von seinem Verein nach Hause kam: »Das Volleyballtraining ist um zehn Uhr zu Ende.« Und tatsächlich, er akzeptierte diese Definition und fühlte sich schuldig, wenn er länger fortblieb. Hätte man aber Robert gefragt, wann seiner Meinung nach das Volleyball vorbei war, hätte er gesagt: um halb eins. Für ihn umfasste das Volleyballtraining Spielen, Duschen, Umziehen und danach mit den Freunden noch einen gemütlichen Kneipenbesuch. Für sie war Volleyballtraining das Spiel selbst plus einige Minuten, in denen man sich schnell umzog. Es gelang ihr, ihm ihre Definition der Situation aufzudrängen, und dadurch verlor er Terrain. Er fühlte sich nämlich immer schuldig, wenn er länger bei den Freunden sitzen blieb.

Die wirkungsvollsten Definitionen sind die, die den Partner oder die eigene Person betreffen. Bei Definitionen im Hinblick auf den Partner dringt man in dessen Terrain ein. Wenn der andere sich definieren lässt, droht Terrainverlust: »Du magst Theater nicht, ich gehe aber doch.« – »Du verstehst nichts von Geldanlagen, ich werde die Geldsachen schon regeln.« – »Du magst diese Freunde nicht, ich werde sie aber doch besuchen.«

Wenn man sich selbst definiert, kann dies zur Ausweitung des Terrains führen: »Du weißt, ich muss ab und zu mal brüllen können.« – »Du weißt, dass ich manchmal flunkere.« – »Ich brauche bisweilen ein Glas mehr.« In Wirklichkeit führen strikte Selbstdefinitionen ebenfalls zu einer verminderten persönlichen Freiheit, weil man selbst das eigene Terrain für die Zukunft festzulegen droht.

Schmeichelei

Ein Partner erhält etwas von dem anderen, nachdem er dem anderen ein kleines Kompliment gemacht hat. »Niemand kann das so gut wie du. Willst du das nicht machen? Du bist wirklich gut darin.« Dann wird dem anderen eine Arbeit übertragen und Freizeit abgenommen. Dadurch, dass sich der Partner zunächst geschmeichelt fühlt, ist er eher geneigt nachzugeben. Der Terrainverlust wird ihm erst später deutlich.

Hilflosigkeit

Hilflosigkeit bedeutet in diesem Fall, den Partner bei etwas zu Hilfe zu rufen, das man selbst (angeblich) nicht kann. »Ich kann das nicht mit den Kindern besprechen, dafür bin ich zu nervös. Du kannst das viel besser.« Oft entpuppt sich der Hilflose in dem Augenblick als Chef, in dem der andere die Aufgabe übernimmt. Der Hilflose gibt dann an, wie es sein soll: »Die Tür klemmt. Ich kann sie nicht abhobeln. Ich weiß nicht, wie das geht. Das ist zu schwer für mich.« – »Gut, Schatz, ich erledige das eben.« – »Aber pass auf, dass du nicht zu viel abhobelst, denn dann kriegen wir Zug. Jetzt kann man an der Kante sehen, dass an der Tür gehobelt worden ist. Könntest du nicht auch noch die Tür streichen? Übrigens, ich finde, dass sie ein ganz klein wenig schief hängt. Kannst du das nicht ändern? Die Küchentür klemmt. Die Schublade des Kleiderschranks übrigens auch … « Der hilflose Schwache erweist sich als unzufriedener Chef. Der, der hilft, wird schnell überfahren und verliert mehr Terrain, als er ursprünglich dachte.

Auch die Technik »Ich will ja nur dein Bestes« ist oft sehr wirkungsvoll. Man tritt so auf, als sei man der Herr über das Terrain des anderen: »Ich will ja nur dein Bestes.« Robert hat sich schon alles bereitgelegt, um wie jede Woche Volleyball spielen zu gehen. Mia sagt: »Schatz, du sieht aber gar nicht gut aus, du bist etwas blass. Willst du nicht etwas dagegen tun? Wahrscheinlich ist es am besten, wenn du zwei Aspirin nimmst, eine Tasse heißen Tee trinkst und dich ins Bett legst. Das wird dir guttun. Ich will ja nur dein Bestes.« Er nimmt das Aspirin und den Tee und legt sich ins Bett. Erst am nächsten Morgen macht er sich klar, dass mit dem wöchentlichen Volleyball nun Schluss ist.

Schuldzuweisung

Die Methode der Schuldzuweisung besteht darin, den anderen davon zu überzeugen, dass er ein ihm nicht zustehendes Terrain besetzt. Danach ist es ganz leicht, ihm dieses Territorium abzunehmen. Ein Mann sagt: »Warum kommst du so spät von der Arbeit? Du hast doch gewusst, dass ich auf dich warte. Ich war ganz unruhig. Das Essen ist jetzt kalt. Ich habe mir so viel Mühe damit gegeben, für nichts und wieder nichts.« Es wird deutlich, dass dieser Mann seiner Frau das Gefühl aufdrängen will, dass die Entscheidung über den Zeitpunkt, wann sie von der Arbeit nach Hause kommen muss, nicht bei ihr liegt. So ist er in der Lage, ihr dieses Terrain abzunehmen.

In unserer Kultur sind viele Menschen anfällig für Schuldzuweisungen. Es sei hier aber klar unterschieden zwischen einem Schuldgefühl (dem vagen Eindruck, schuldig zu sein) auf der einen und echtem Schuldbewusstsein (der Einsicht, einen Fehler gemacht zu haben) auf der anderen Seite. Manche Partner leiden sehr schnell unter Schuldgefühlen. Anderen fehlt es an jeglichem gesundem Schuldbewusstsein. Die Waffe der Schuldzuweisung scheint aber bei den meisten zu funktionieren.

Erpressung

Bei der Erpressung gelingt es dem einen Partner, den anderen glauben zu lassen, dass es nur zwei Möglichkeiten gebe: »Wenn du das tust, verlasse ich dich.« – »Wenn ich diese Pelzjacke nicht bekomme, springe ich aus dem Fenster.« – »Wenn du nicht bei mir bleibst, nehme ich Tabletten und mache Schluss.«

Eine solche verkürzte Umschreibung der Situation wirkt bedrohlich. Der Partner gibt schnell nach, um die Wogen zu glätten. In einer Beziehung führt dies oft dazu, dass die Drohungen immer mehr eskalieren. Wenn ein Partner mit Selbstmord droht, trifft das den anderen hart. Manchmal ist es für ihn eine regelrechte Erleichterung, wenn er begreift, dass er den Selbstmord doch nicht verhindern kann. Er erkennt, dass Tabletten zwar versteckt werden können, dass es aber noch andere Möglichkeiten gibt, sich umzubringen: »Ich würde es sehr schlimm finden, wenn du es tun würdest, aber ich sehe ein, dass ich dich am Ende nicht daran hindern kann.« Eine solche Reaktion hat häufig zur Folge, dass der andere die Selbstmorddrohung zurücknimmt – zumindest wenn die Ursache in der Beziehung liegt.

Verlockung

Bei der Verlockung wird eine Scheinübereinkunft angeboten. Der Partner, der die Waffe einsetzt, kommt jedoch seinem Teil der Übereinkunft nicht nach, der oft sehr vage ist, während der des Partners scharf umschrieben ist. Es geht um ein Versprechen, das man nicht einhalten kann: »Wenn du mich zum Fußball gehen lässt, komme ich nie mehr zu spät von der Arbeit.« – »Wenn ich jetzt mit meinen Freunden ausgehen darf, gehe ich mehrere Wochenenden mit dir aus.« – »Wenn du jetzt mit mir schläfst, werde ich immer lieb zu dir sein.« – »Wenn du die Fensterrahmen streichst, werde ich nie wieder nörgeln.«

»Nebelwerfer«

Kommt die Waffe des Nebelwerfers zum Einsatz, bleibt alles vage und allgemein. Man schweift vom Thema ab und antwortet nicht auf die gestellten Fragen. Das Thema wird spiralförmig umkreist. Auf die Frage, ob der Mann zu den gemeinsamen Freunden mitkommen will, antwortet er mit philosophischen Ausführungen über Freundschaft, oder er spricht über *seine* Freunde. So erhält die Frau keine klare Antwort, denn er bezieht nicht Stellung.

Pazifismus

Männer sind in der Regel Meister dieser Technik. Unter dem Motto »Nur keinen Streit« macht man doch, wozu man Lust hat. Es geht darum, sich ruhig und friedlich zu verhalten, um dadurch bestimmte Dinge zu erreichen. Wenn sie ihn drängt, einmal mit ihr auszugehen, dann sagt er: »Schatz, darüber werden wir uns doch nicht streiten!« Und bleibt ruhig vor seinem Fernseher sitzen. Wenn sie ihn bittet, gemeinsam mit ihr gegenüber den Kindern einen Standpunkt einzunehmen, dann sagt er schnell ja (um Streit zu vermeiden), aber er tut es nicht. Er drückt sich davor, Stellung zu beziehen, und das unter dem Vorwand: »Darüber werden wir uns doch nicht streiten.« Dabei bleibt er sehr ruhig, höflich und freundlich, zum großen Ärgernis der Partnerin, die sich machtlos fühlt. Wenn dann sie ärgerlich wird, fühlt sie sich schuldig: »Wie kann ich nur auf so einen vernünftigen, lieben Mann böse sein?«

Oft reicht eine gründliche Analyse der territorialen Situation aus, um die Wut der Frau und ihre Feindseligkeit zu verstehen. Die interessanten, aufregenden und bereichernden Terrains scheinen dann seine Sache zu sein, die Lasten und schweren Aufgaben dagegen ihre. Mit seiner freundlichen Geschmeidigkeit hat er sich ohne Säbelrasseln oder Geschrei angeeignet, was er haben wollte. So entsteht dann das schon erwähnte Verhältnis zwischen Pazifist und Nörglerin. Sie ist unzufrieden, unglücklich und fühlt sich schuldig, dass sie so ist. Er ist eine Festung der Ausgeglichenheit und Zufriedenheit. Er ist »geschmeidig« und glatt wie ein Aal. Sie beginnt, zu nörgeln und zu klagen. Er sieht ein wenig mitleidig darauf herab, bezieht noch immer nicht Stellung und vermeidet klare Absprachen.

Der Pazifist hat eine weitere eigenartige Eigenschaft: Er leidet unter Gedächtnisverlust. »Habe ich das versprochen? Wirklich? Das habe ich vergessen.« – »Hast du das gesagt? Ärgerlich, aber daran erinnere ich mich nicht mehr.« »Haben wir das damals verabredet? Ehrlich, ich dachte, dass das Vorschläge waren und keine Absprachen.« Der Pazifist lebt im Nebel, aber macht schlicht und einfach nur, was er selbst will. Die feindselige und verzweifelte Haltung der Frau ist in diesem Fall gut zu verstehen. Frauen von Pazifisten zeigen auch Reaktionen wie Depressionen und Wutausbrüche (und werfen mit Geschirr). Diese Reaktionen sind eindeutig nicht aggressiv, wie er ihr gelegentlich vorwerfen wird, sondern feindselig, das heißt: Es handelt sich um Reaktionen aus Ohnmacht.

Psychoanalyse

Eine bequeme Methode, den Partner in Schach zu halten, ist die Waffe der Psychoanalyse. Das bedeutet, dass man beginnt, nach den tieferen Motiven des Partners zu fragen, nach dem Warum. Die angegebenen Gründe werden dann durch andere widerlegt oder ersetzt. Für vieles, was wir anstreben, haben wir keinen bestimmten Grund. Wenn der Partner nach dem Warum fragt, dann wird man festgenagelt: »Lass uns mal ein Wochenende zusammen wegfahren!« – »Warum?« – »Damit wir einmal für uns sein können.« – »Warum willst du das, wir sind doch schon so viel zusammen!« – »Du fühlst dich zu abhängig von mir, das liegt an deiner Mutterbindung.«

Wie wir im Kapitel über Kommunikation sehen werden, sind die meisten Warum-Fragen keine echten Fragen. Dem Partner werden tiefere, verborgene Motive zugeschrieben, die aber möglicherweise gar nichts mit der Realität zu tun haben: »Du tust das nur, um mir zu schaden.«

Spott

Spott ist in Beziehungen eine gefährliche Technik. Der Partner wird lächerlich gemacht, sein Selbstvertrauen wird untergraben, und er kann sich nicht mehr verteidigen. Wenn sie ein angebranntes Essen auf den Tisch bringt, sagt er: »Oh, du hast ein neues Gericht kreiert! Wir haben einen kleinen Bocuse im Haus. Wie hast du das hinbekommen?« Spott trifft den anderen, vor allem, wenn Dritte dabei sind.

Krankheit

Wenn ich hier Krankheit als »Waffe« behandle, sollte zunächst klargestellt werden, dass ich mich nur auf die Auswirkung einer Krankheit auf die Aufteilung der Terrains beziehe. Ich behaupte nicht, dass ein Partner mit der Absicht krank wird, diese Wirkung zu erreichen. Was hier über die territorialen Auswirkungen von »Krankheit« gesagt wird, gilt für jede Form von Krankheit: die »echte«, die »vorgetäuschte« und die »eingebildete« Krankheit.

Wie wirkt es sich aus, wenn man krank ist? Es gibt zwei Folgen: Auf der einen Seite bringt Krankheit mit sich, dass das Territorium größer wird, auf der anderen Seite kann sie auch den Verlust einer Reihe von Territorien bedeuten:

- **Terraingewinn:** Tatsächlich wird in einer Beziehung der Partner dem Kranken meistens mehr Sorgfalt, mehr Aufmerksamkeit, mehr Zeit widmen. Die Kinder müssen ruhig sein. Das Radio wird leiser gestellt. Es gibt etwas anderes zu essen. Besuche bei Freunden oder Verwandten finden nicht statt. Bestimmte Aufgaben müssen vom anderen übernommen werden usw.
- **Terrainverlust:** Man ist meist in der Bewegungsfreiheit eingeschränkt, vielleicht sogar ans Bett gebunden, man kann nicht dahin, wohin man will. Einige Kontakte werden zeitweise unterbro-

chen. Man darf oder kann nicht alles essen, was man möchte, usw. Manchmal wird der Kranke auch vom Partner als schwach, unfähig oder überspannt abgestempelt: »Nun reg dich nicht auf! Nimm doch dein Beruhigungsmittel, wenn du nicht belastbar bist!«

Infiltration

Auch durch Infiltration wird Terrain gewonnen. Hier geht man sehr behutsam vor, ohne dass es der andere richtig merkt. Man infiltriert Stück für Stück das Terrain des anderen. Einer der beiden Partner in der Beziehung ist zum Beispiel Mitglied einer Theatergruppe. Ihm ist dieses Hobby sehr wichtig. Der andere geht von Zeit zu Zeit zu den Proben mit, bastelt an der Dekoration und hilft bei der Verwaltung der Finanzen. Langsam arbeitet er sich bei der Theatergruppe ein und wird schließlich Vereinsschriftführer. Und das, obwohl der Erste das Theaterspielen als *sein* persönliches Hobby entdeckt hat!

Diese Technik wird auch »Schwiegermutter-Technik« genannt: Die Schwiegermutter kommt ab und zu in der jungen Familie vorbei und hilft. Manchmal passt sie auf die Kinder auf. Gelegentlich hilft sie beim Kochen, Bügeln oder Putzen. Allmählich beginnt sie, Ratschläge zu geben, und übernimmt immer mehr Terrain. Sie fängt an, dem Paar Entscheidungen aufzudrängen. Sie bekommt die Kontrolle über die Kindererziehung. Und schließlich übernimmt sie die Kontrolle über den ganzen Haushalt.

Schnelle Eroberung

Möglicherweise verliert man ein Terrain, bevor man überhaupt reagieren kann: durch schnelle Eroberung. Der Partner wird vor vollendete Tatsachen gestellt. »Ich bin zufällig diesem alten Freund begegnet. Da habe ich gesagt: Meine Frau kocht gut, du kannst ruhig zu uns zum Essen kommen.«

Eine Art der schnellen Eroberung, die sehr häufig ist, besteht darin, zu spät zu kommen. Immer wenn der eine zu spät kommt, hat er dem Partner und der Familie schon ein Stück Zeit weggenommen. Diese Zeit ist verloren. Man kann nur noch feindselig reagieren und

Lösungen für die Zukunft suchen. Es ist aber auch eine schnelle Eroberung, wenn man, ohne den anderen zu fragen, seine Lieblingsplatte verleiht oder in seinem Namen Verabredungen trifft: »Papa wird dein Fahrrad schon reparieren, wenn er heute Abend von der Arbeit nach Hause kommt.«

Vor- und Nachteile der verdeckten Waffen

Kurzfristig sind verdeckte Waffen recht nützlich für den Partner, der sie einsetzt. Er bekommt schließlich, was er will. Aber langfristig sind sie für die Beziehung eher schädlich. All diese verdeckten Mittel dienen ja dem Zweck, das Terrain des Partners teilweise zu erobern, ohne dass sich der Partner des Verlusts unmittelbar bewusst wird. Dies bedeutet, dass er nur noch im Nachhinein reagieren kann. Er hat das Terrain ja schon verloren.

Er wird also feindselig reagieren müssen. Diese Feindseligkeit wirkt sich meist sehr nachteilig auf die Beziehung aus: Der Partner wird verbittert und ist ohne klaren Grund unzufrieden, gereizt und leicht verstimmt. Er klagt und jammert, hat Wutanfälle. All das ist für die Beziehung bedrohlich.

Reaktionsweisen

Wie soll man also auf derartige Methoden reagieren? Zunächst einmal müssen beide Partner lernen, die Waffen zu erkennen, die jeder einsetzt. Dann ist schon einiges gewonnen. Dann kann man nämlich reagieren. Wichtig ist, dass derjenige, der das Terrain zu verlieren droht, zuerst gründlich überlegt, ob er das Terrain abtreten will oder nicht. Der sicherste Reflex könnte darin bestehen, zunächst um etwas Zeit zu bitten: »Warte doch erst mal.« Oder er kann vorläufig nein sagen, bis er weiß, was er will: »Ich will das Terrain behalten« oder »Ich trete es ab«.

Wichtig ist dann, dass er bei seinem Standpunkt bleibt, ohne sich umstimmen zu lassen. Darum kann es manchmal sehr nützlich sein, immer dasselbe zu wiederholen: »Ich verstehe, dass du es gern hättest, wenn ich die Tür repariere, aber ich tue es nicht. Ich tue es nicht.« Alle anderen Reaktionen sind weniger wirksam. Sobald man nämlich beginnt, Begründungen zu geben, warum man etwas nicht tut oder gibt, wird ein Terrainverlust wahrscheinlicher. Allem Anschein nach ist es wirkungsvoller, dem Partner später im richtigen Augenblick zu erklären, wie wichtig das betreffende Terrain ist.

Offene Methoden

Es gibt drei offene Methoden, die man nach den steigenden Kosten für den Aggressor bzw. Eindringling unterscheiden kann.

1. Die erste Methode ist das Bitten ohne Gegenleistung. Wichtig ist, dass es sich hierbei um echtes Bitten handelt. Beim echten Bitten wird deutlich gesagt, was los ist, und man bittet um das, was man haben will. Der andere wird zunächst auf sein Territorium hingewiesen, ihm wird die Frage gestellt: »Schatz, Donnerstagabend ist dein Ausgehabend, ich möchte dich aber fragen, ob wir am Donnerstag in drei Wochen zusammen die Freunde besuchen könnten. Findest du das gut?«

2. Eine zweite Methode besteht im Tauschen – nach dem Motto: »Wie du mir, so ich dir«. Das werden wir ausführlich im Kapitel über die Lösung von Konflikten und das Verhandeln lernen.

3. Die dritte Methode ist für den Bittenden die kostspieligste. Der Partner wird gebeten, selbst einen Preis zu nennen: »Was kann ich für dich tun, damit du meiner Bitte zustimmst, am Donnerstagabend auszugehen?« – »Wenn du meinen Brief korrigierst, wenn du das Kinderzimmer aufräumst und wenn du mir den Rücken massierst, dann gehe ich gern mit.« Da einer von beiden es wirklich gern möchte, wird er auch bei einem hohen Preis noch zufrieden sein.

Der große Vorteil der offenen Kampftechniken besteht darin, dass auf diese Weise Feindseligkeiten leichter vermieden werden können. Wenn der Partner etwas gibt, ist auch ganz deutlich, dass er es gibt. Wenn der Partner etwas erhält, geschieht das, weil der andere es gern geben will. Wenn getauscht wird, wissen beide, worum es geht, und sie tun es, weil der Preis angemessen ist. Dies bedeutet, dass beide es für einen guten Tausch halten. Die Wahrscheinlichkeit ist geringer, dass später einer oder beide unzufrieden sind.

Kapitel 4: Kommunikation in der Partnerschaft

Zahlreiche Probleme in einer langfristigen Beziehung haben damit zu tun, wie die Partner miteinander kommunizieren. Viele Leute haben Schwierigkeiten, miteinander zu reden. Sie finden, dass sie keinen Kontakt zueinander haben, dass sie an den anderen nicht herankommen. Oft gibt es heftige Auseinandersetzungen und Streitigkeiten. All diese Probleme fallen unter den Begriff »Kommunikation«. In diesem Kapitel wird jedoch über diese Bedeutung von Kommunikation noch hinausgegangen, sodass zunächst folgende Fragen zu klären sind:

· Was bedeutet Kommunikation?
· Welche Aspekte sind dabei zu unterscheiden?
· Welche Widersprüche können hier aufgedeckt werden?
· Wie können sie ausgeräumt werden?

Jedes Verhalten ist eine Botschaft

In einer Beziehung leben die Partner in nächster Nähe miteinander. Sobald sie zusammen sind, senden sie einander fortwährend Botschaften. Alles, was ein Partner sagt, tut oder lässt, übermittelt dem anderen Partner Informationen. Es beeinflusst das Verhalten des anderen. Die Veränderungen im Verhalten des zweiten wirken ihrerseits wieder auf den ersten ein. Beziehungspartner beeinflussen sich also ständig gegenseitig. Hier einige Beispiele: Er kommt nach Hause und schlägt die Tür mit einem Knall zu. Sie schreckt auf und denkt: »Er hat wieder einen grauenhaften Tag gehabt.« Er schiebt sich im Bett in ihre Richtung, und sie schiebt sich weiter weg zum Rand. Er sagt ein ganzes Wochenende lang nichts. Sie wird ganz nervös davon. Er isst nur widerwillig. Sie denkt: »Er mag nicht mehr, was ich koche.« Sie seufzt. Er seufzt. Er hört nicht zu, wenn sie erzählt. Sie bittet um Aufmerksamkeit. Er sagt, dass er ihr künftig zuhören wird. Aber er tut es nicht …

Von dem Augenblick an, da sich beide im selben Raum aufhalten, senden sie sich Botschaften zu. Diese Kommunikation setzt sich immer weiter fort, Tag und Nacht, solange sie zusammen sind, ob sie es wollen oder nicht. Dazu kommt es sogar, wenn einer seine Augen schließt und sich mit den Händen die Ohren zuhält. Diese Gebärde ist ebenfalls eine Botschaft: »Es wird mir zu viel.« Man kann eine Beziehung also als einen ständigen Austausch von Botschaften, als eine permanente gegenseitige Beeinflussung verstehen.

Erics Klage

Eric beklagt sich über seine Frau Tanja. Sie tut nichts mehr im Haushalt. Sie spricht nicht mehr mit ihm. Man grüßt sich noch nicht einmal mehr. Sie haben schon lange keinen Sex mehr. Tanja geht abends und nachts weg. Sie hat seit Jahren ein Verhältnis mit einem anderen Mann. Ihre Schwester unterstützt sie dabei. Bei ihrer Schwester hat sie ein Zimmer mit diesem Mann. Wenn Eric nach Hause kommt, sitzen seine Schwiegermutter, Tanja und ihre Schwester zusammen und reden. Sie tun alle so, als sei er Luft. Seine Frau unternimmt keinerlei Schritte, um sich scheiden zu lassen. Er soll sie in Ruhe lassen. Tanja will auch nichts dafür tun, damit die Beziehung besser wird. Sie will nicht mehr mit ihm ausgehen oder zusammen mit ihm verreisen. Eric weiß keinen Rat mehr. Er ist mit den Nerven am Ende. Dieses so genannte »Nichtstun« seiner Frau ruft in ihm große Ohnmacht und Ratlosigkeit hervor.

Hier wird deutlich, dass Tanjas Verhalten, das vor allem dadurch gekennzeichnet wird, dass sie eine Reihe von Dingen *nicht* tut, großen Einfluss auf Eric hat und ihn in eine Sackgasse manövriert. Wenn wir uns also in diesem Kapitel mit der Kommunikation beschäftigen, dann wird das Wort hier gleichbedeutend mit gegenseitiger Beeinflussung, Interaktion, Wechselwirkung und dem Umgang miteinander verwendet.

Die Worte und das andere

In diesem Durcheinander von Beeinflussungen sind zwei Arten von Kommunikation unterscheidbar: die Kommunikation mit Hilfe von Worten und die nonverbale Kommunikation. Für die Kommunikation mit Hilfe von Worten sind die meisten Paare durchaus empfänglich. Miteinander zu reden ist ein sehr wichtiger Teil der Kommunikation in einer Beziehung. Dennoch kann man in einer Beziehung auch der Kommunikation ohne Worte gar nicht genug Aufmerksamkeit schenken. Es geht hier um eine Kommunikation, die auch »analog« genannt wird. Die Zeichen, die dabei verwendet werden, sind direkt mit der Botschaft verbunden, die mitgeteilt wird. Weinen ist mit Ärger verbunden. Der Ärger und die Tränen hängen direkt miteinander zusammen. Die Tränen übersetzen den Ärger. In der Kommunikation mit Worten ist das meistens anders. Dort sind die Zeichen, die verwendet werden, durch Verabredungen festgelegt. Wir benennen die Dinge, aber es gibt keinen direkten Zusammenhang zwischen einem Stuhl und dem Wort »Stuhl«.

Dieses andere, diese nonverbale Kommunikation, ist für eine Lebensgemeinschaft viel wichtiger, als man normalerweise meint. Untersuchungen haben gezeigt, dass der Großteil der Informationsübermittlung, die zwischen zwei Partnern stattfindet, nonverbal abläuft. In wissenschaftlichen Studien wurde nachgewiesen, dass unabhängige Beobachter zufriedene und unzufriedene Paare sehr leicht nach der Art und Weise unterscheiden können, wie die Partner nonverbal miteinander umgehen. Es genügt, in einem Supermarkt Paare zu beobachten, um aus der Art, wie sie miteinander umgehen (ohne dass man sie reden hört), zu erkennen, wie sie zueinander stehen. Woraus besteht nun diese nonverbale Kommunikation?

Die nonverbale Kommunikation

- **Mimik (Gesichtsausdruck):** Die Mimik zeigt viel von dem, was sich in jemandem abspielt, und setzt sich nach Jahren im Gesicht fest. So sieht man Menschen mit einer verbitterten, einer milden, einer verhärmten, einer verschlossenen, einer offenen Mimik.

- **Körperhaltung:** Sie ist eine Informationsquelle für den Partner. Man »plumpst« in einen Sessel. Man »hängt« auf einem Stuhl. Man wippt mit den Beinen. Man kann eine offene oder eine geschlossene Haltung einnehmen. Man kann sich stark stellen oder gerade schwach erscheinen. Man kann eine abweisende oder eine verführerische Haltung einnehmen.

- **Gebärden:** Der Partner kann seinen Worten mit Gebärden Nachdruck verleihen, zum Beispiel mit der Faust auf den Tisch schlagen, eine Faust ballen oder eine offene Hand zeigen.

- **Ton:** Auch der Ton, in dem etwas gesagt wird, ist in einer Beziehung sehr wichtig. Er kann etwas relativieren oder unterstreichen. Wie etwas betont wird, bestimmt zum großen Teil die Bedeutung eines ausgesprochenen Satzes. Der Satz »Hast du für mich noch eine Tasse Kaffee?« kann seine Bedeutung vollständig ändern, je nachdem, welches Wort man betont.

- **Körpersprache:** Es geht um die körperlichen Erscheinungsformen von Schmerz und Genuss. So gehören etwa Erröten vor Freude oder sexuelle Erregung, aber auch ein schmerzverzerrtes Gesicht oder eine zitternde Hand in diesen Bereich. In der menschlichen Kommunikation spielt die Körpersprache vor allem beim Schmerz eine wichtige Rolle. Schmerz »sagt« manchmal etwas (Kopfschmerzen: »Ich habe genug von deinem Gejammer, ich habe genug von dir«; Rückenschmerzen: »Ich kann diese Last nicht mehr tragen« usw.). Alle Arten des Schmerzes umfassen Botschaften an die Umgebung, in erster Linie an den Partner und die Familienmitglieder. Wir haben schon gezeigt, dass Schmerzen ein Mittel sind, um Aufmerksamkeit zu erregen. Sie werden manchmal durch diese Aufmerksamkeit erneut heraufbeschworen und durch sie beibehalten. Das sexuelle Spiel etwa umfasst viele der aufgezählten Äußerungen und kann damit Wertschätzung, Zärtlichkeit, Würdigung ausdrücken: Ein Kuss oder Händchenhalten sind Zeichen einer positiven Haltung zueinander.

- **Blickkontakt:** Auch dies ist eine Art der Kommunikation. Es ist eines der direktesten Signale gegenseitiger Anziehung.

- **Etwas tun oder lassen:** In einer Beziehung wird sehr viel dadurch ausgedrückt, dass man etwas tut oder es unterlässt. Sie räumt den Tisch ab, er liest weiter seine Zeitung, ohne ihr zu helfen. Er versäumt es, rechtzeitig zu kommen. Auch etwas zu lassen kann sehr viel bedeuten. Wenn sie jahrelang den Tisch abräumt und es plötzlich nicht mehr tut, dann hat das etwas zu bedeuten.

- **Tempo:** Auch das Tempo, in dem etwas geschieht, ist in einer Beziehung von Bedeutung. Sie kann ihm so langsam ein Butterbrot schmieren, dass er wütend wird. Er kann ihr auf eine Art und Weise eine Tasse Tee einschenken, dass diese Geste nichts mehr Freundliches hat. Aus Beobach-

> tungen wird deutlich, dass in glücklichen Familien ein ruhigeres Tempo vorherrscht. Sich für jemanden Zeit zu nehmen ist angesichts der Kürze des menschlichen Lebens das Kostbarste, was jemand geben kann.

Die Kommunikation mit Hilfe von Worten kann detaillierter sein als die nonverbale. Es ist mehr Nuancierung möglich: dies oder das, Für und Wider, einerseits und andererseits. Die nonverbale Kommunikation ist hingegen oft vage und immer für mehrere Interpretationen offen. Streicheln kann »Trost« bedeuten, aber auch »Zärtlichkeit« und »Liebkosung« oder »Ermutigung«, und es kann sogar zu sexueller Erregung führen. Ist es ein Ausdruck von Macht oder von Ohnmacht, wenn man mit der Faust auf den Tisch schlägt? Gerade durch die verbale Übersetzung dieser nonverbalen Phänomene kann man Deutlichkeit hinzugewinnen, wo dies notwendig ist. Andererseits kann man den Reichtum einer Gebärde, eines Streichelns oder eines verständnisvollen Tons nicht vollständig in Worte fassen.

Inhalt und Beziehung

In jeder Kommunikation kann man zwischen dem Inhaltsaspekt und dem relationalen Aspekt (Beziehungsaspekt) einer Botschaft differenzieren. Allgemein besagt der Inhaltsaspekt einer Botschaft etwas über die Welt und über die Dinge. Der relationale Aspekt besagt etwas über die Beziehung zwischen den Partnern selbst. Beide Aspekte sind in jeder Kommunikation vorhanden. Wir wollen dies an einem Beispiel verdeutlichen.

Götz und Lara auf der Terrasse

Es ist Sonntagnachmittag. Götz und Lara sitzen auf der Terrasse in der Sonne. Götz sagt: »Schatz, meine Tasse ist leer.« Lara springt auf, holt die Kaffeekanne, füllt seine Tasse, geht wieder in die Küche, kommt zurück und setzt sich.

Der Inhalt der Botschaft lautete ganz schlicht: »Es ist nichts mehr in meiner Tasse.« Aber wer nur das gehört hat, versteht nicht, was passiert ist. Der relationale Aspekt, der auch mitklang, lautete nämlich: »Ich bin hier der Chef. Du musst für mich rennen, und zwar schnell!« Im relationalen Aspekt wird also die Stellung des Senders gegenüber dem Empfänger ausgedrückt, in diesem Fall, wie Götz die Beziehung sieht. Es wird ein Versuch unternommen, die Beziehung zu bestimmen.

Ein zweites Szenario ist denkbar. Nachdem Götz gesagt hat: »Meine Tasse ist leer«, antwortet Lara entrüstet »Na und!« und bleibt ruhig sitzen. Damit sagt sie auch etwas darüber aus, wie sie die Beziehung sieht. Sie propagiert die Gleichberechtigung: Wer Kaffee will, holt ihn sich selbst. Falls Götz aufsteht, um Kaffee zu holen, akzeptiert er ihre Definition der Beziehung. Und daraufhin sagt sie: »Wenn du sowieso Kaffee holst, bringst du dann auch das Gebäck mit?« Hier versucht sie die Beziehung so zu bestimmen, dass er etwas für sie tut. Er ist in der unterlegenen Position, sie steht über ihm. Er antwortet: »Ich weiß nicht, wo das Gebäck ist.« Dadurch stellt er das Gleichgewicht wieder her.

In jeder Kommunikation wird also immer etwas darüber ausgesagt, wie der eine die Beziehung zum anderen sieht, ob er sich dessen nun bewusst ist oder nicht. Jedes Gespräch ist – neben der Informationsübermittlung – auch ein Gespräch über die Beziehung. In jeder Botschaft ist enthalten, wie ich mich selbst sehe, wie ich den anderen sehe und wie ich diese Beziehung sehe. Wenn man aufmerksam hinsieht, merkt man, dass in jeder Botschaft nicht so sehr etwas darüber gesagt wird, wie die Beziehung ist, sondern vor allem darüber, wie man sich die Beziehung wünscht. Daher ist die Reaktion des Partners darauf wichtig.

Gibt es denn in einer Beziehung gar keine neutralen Botschaften? Wir wollen auf die Suche gehen. »Wie viel hat das Kleid gekostet?« – »Wo bist du gestern Abend noch gewesen?« – »Hast du am Wochenende noch Zeit für mich?« All diese Fragen haben einen Unterton, sie sind nicht neutral.

Leon und Christine oder Was die Stunde geschlagen hat

Leon steht an der Treppe. Sie müssen zu zweit ins Theater. Es ist spät. Er ist nervös. Christine ist noch oben und macht sich fertig. Leon ruft: »Schatz, wie spät ist es?« Christine antwortet: »Ja, ja, ich komme schon.« Sie hat den relationalen Aspekt seiner Frage erkannt. Wenn sich Leon und Christine gerade gestritten haben, dann wird Christine von oben auf seine Frage antworten: »Beim dritten Ton des Zeitzeichens ist es 19 Uhr, 33 Minuten und 40 Sekunden.« Und dann weiß auch er, »was die Stunde geschlagen hat«.

Dieser relationale Aspekt wird hauptsächlich nonverbal ausgedrückt. Es geht, wie man sich anhand der Beispiele vorstellen kann, um den Ton, die Betonung, die Mimik. Dadurch wird deutlich: »Ich fühle mich in einer unterlegenen Position, und ich empfinde es so, dass du über mir stehst.«

Widersprüche

Beziehungsprobleme werden hier als Widersprüche in der Kommunikation verstanden. Es lassen sich mehrere Spielarten feststellen.

Worte gegen Worte

Bei der ersten Form von Widersprüchen innerhalb von Partnerbeziehungen widerspricht sich jemand selbst. »Willst du noch eine Tasse Kaffee?« – »Nein, danke ... ja, doch.« Der Partner wird dann aufsehen, um zu erfahren, was der andere genau sagen will.

Aber der Widerspruch kann auch ganz subtil, beinahe unbemerkt ablaufen. Der Partner wird sich in die Enge getrieben fühlen und nicht verstehen, was da geschieht. Das Ja-aber-Spiel ist hierfür ein gutes Beispiel.

Rolf, Brigitte und das Ja-aber-Spiel

Rolf und Brigitte, ein junges Ehepaar mit zwei kleinen Kindern, geraten immer wieder in Streit, wenn sie bei Brigittes Eltern übernachten, und es geht immer um dasselbe (wie so oft in einer Ehe). Der strittige Punkt ist, ob sie die Kinder in ihrem Zimmer schlafen lassen sollen oder nicht. Was sagt Rolf? Er sagt: »Ja, ich finde es gut, wenn die Kinder in unserem Zimmer schlafen, aber es ist schon lästig, dass wir dann das Licht früh ausschalten müssen; dass wir still sein müssen, dass wir nicht reden oder miteinander schlafen können.« Brigitte sagt: »Ja, ich finde es gut, wenn sie in einem anderen Zimmer schlafen, aber dann höre ich den Kleinen nicht atmen, und dann werde ich unruhig. Ich fürchte, dass die Große aus dem Zimmer läuft, ohne dass wir es merken. Vielleicht fällt sie dann in dem fremden Haus die Treppe hinunter.« Er antwortet: »Ja, das stimmt, sie sind sicherer bei uns. Aber wenn sie bei uns sind, müssen wir früher schlafen gehen, und wir können nicht miteinander schlafen. Außerdem sagst du doch selbst, dass du es gut findest, wenn sie in einem anderen Zimmer schlafen.« Brigitte antwortet: »Ja, natürlich finde ich das gut, aber dann kann ich nicht schlafen. Ich bin viel zu unruhig. Wenn ihnen etwas zustieße, würde ich mir immer Vorwürfe machen. Im Übrigen sagst du doch selbst, dass du es gut findest, wenn sie bei uns schlafen.« – »Ja natürlich, Schatz, aber ...« usw.

Beide Partner sprechen hier mit doppelter Zunge. Rolf sagt in Wirklichkeit: »Ich will sie zwar im Zimmer haben, aber ich will sie nicht im Zimmer.« Brigitte sagt: »Ich will sie eventuell schon in einem anderen Zimmer haben, aber ich will sie nicht in dem anderen Zimmer.« Beide widersprechen sich selbst. Sie lieben den anderen (wollen auf den anderen Rücksicht nehmen), und zugleich wollen sie genau das Gegenteil von dem, was der andere will. Beide wollen den anderen nicht verletzen. Und es fällt so schwer, nein zu sagen. Werden aber beide Partner gebeten, auf ihre Jas und Abers zu achten, dann wird alles schnell eindeutig. Rolf will nicht, dass die Kinder im Zimmer schlafen. Brigitte will nicht, dass die Kinder in einem anderen Zimmer schlafen. Nun ist der Gegensatz klar, und es kann verhandelt werden.

Oft widerspricht man dem eigenen Ja immer wieder mit einem Aber, begleitet von einer ganzen Reihe von Argumenten: »Gehst du mit mir spazieren?« – »Ja, aber ich bin so müde.« Mit anderen Worten: »Nein, denn ich bin zu müde.«

Nonverbale Widersprüche

Auch innerhalb des Nonverbalen sind Widersprüche möglich. Eine Frau bereitet den Lieblingsnachtisch ihres Mannes zu, aber sie lässt ihn anbrennen. Er repariert ihr Bügeleisen, aber sehr geräuschvoll und mit deutlich sichtbarem Widerwillen. Im Endeffekt hat diese Zweideutigkeit für den Partner zur Folge, dass er sich immer wieder in die Enge getrieben fühlt. Der andere übermittelt zwei einander widersprechende Botschaften gleichzeitig. Was will er denn nun eigentlich sagen?

Nicht meinen, was man sagt

Viele Widersprüche in Beziehungen laufen darauf hinaus, dass jemand etwas tut, das dem Gesagten widerspricht. Die Worte stimmen nicht mit den Gebärden, der Mimik und dem Ton überein, in dem etwas gesagt wird.

Thomas und Agnes gehen spazieren

Thomas geht sehr gern spazieren. Agnes sind Spaziergänge zuwider. Es ist Sonntagnachmittag. Er will wieder in die Wälder. Er sagt: »Schatz, kommst du mit? Es ist herrliches Wetter.« Sie möchte lieber nicht, aber sie liebt ihn. Sie sagt: »Sicher, heute komme ich mit.« Sie gehen in den Wald. Zusammen beginnen sie eine stramme Wanderung. Sie sind noch nicht 500 Meter weit gekommen, und schon beginnt Agnes' Bein zu schmerzen. Es ist ein heftiger Schmerz, sodass ihr das Weitergehen schwerfällt. Aber Agnes ist eine tapfere Frau und geht weiter. Sie verzieht das Gesicht und hinkt ein wenig, als wolle sie sagen: »Schau nur, wie ich mich aufopfere, um dir eine Freude zu machen!« Mit seiner Freude aber ist es vorbei; er fühlt sich betrogen. Und sie wirft sich vor, dass sie sich hat überreden lassen.

Es liegt auf der Hand: In dem, was Agnes tut, steckt eine widersprüchliche Botschaft. Einerseits sagt sie: »Ja, ich will mit dir spazieren gehen«, andererseits sagt ihr Körper: »Nein, ich will nicht spazieren gehen.« Hätte Agnes ein Fazit gezogen, hätte sie zunächst gut abgewogen: »Ich will ihm eine Freude machen, ich liebe ihn« versus »Mir ist Spazierengehen wirklich zuwider«. Dann wäre sie zu dem Schluss gekommen, dass es besser gewesen wäre zu sagen: »Nein, ich gehe nicht mit dir spazieren. Ich schlage vor, dass du ein gutes Stück allein spazieren gehst, den letzten Teil gehe ich dann mit dir zusammen. Danach trinken wir zusammen irgendwo Kaffee, und dann fahren wir wieder nach Hause.« Nun wird Thomas jedoch in die Enge getrieben durch den Gegensatz zwischen dem, was sie sagt (»Ich gehe spazieren«), und dem, was sie tut (»Mein Bein tut entsetzlich weh«).

Viele Gegensätze im sexuellen Bereich weisen dasselbe Muster auf. Er sagt, dass er Sex mit ihr will, aber er hat keine Erektion … Sie sagt, dass sie Lust hat, aber sie liegt wie gelähmt da … Für den Partner ist es dann schwierig, richtig zu reagieren. Geht er darauf ein, dann tut er es gegen die körperliche Botschaft; geht er nicht darauf ein, dann handelt er gegen die Worte des anderen. Darum sagen Menschen mit Beziehungsproblemen regelmäßig: »Nie mache ich es richtig! Was ich auch tue, immer ist es falsch!«

Unmögliches einfordern

Wenn ein Partner vom anderen ein bestimmtes Verhalten oder eine bestimmte Reaktion verlangt, die unmöglich auf Befehl erfolgen kann, bringt er den anderen in Schwierigkeiten. Der Widerspruch liegt hier zwischen dem Inhaltsaspekt (das kann nur auf freiwilliger Basis geschehen) und dem Beziehungsaspekt (es wird ein Befehl gegeben). Immer wenn ein Mann von seiner Frau fordert, ein ganz bestimmtes Gefühl zu empfinden, begeht er diesen Fehler: »Du musst Jazz schön finden. Du musst Sex genießen. Du musst einen Orgasmus bekommen.« Wenn eine Frau von ihrem Mann spontanes Verhalten fordert, verfällt sie in denselben Fehler: »Es muss dir Spaß machen, mir in der Küche zu helfen, ohne dass ich dich darum bitte. Du musst von dir aus mit mir reden. Du musst mir mit deinen Liebkosungen deutlich machen, dass du mich liebst und dass ich etwas wert bin.«

Dasselbe Problem tritt auf, wenn ein Mann mit Gewalt von seiner Frau respektiert werden will. Erzwungene Wertschätzung ist nun einmal keine Wertschätzung. Das ist das große Drama bei vielen Paaren. Eine Frau will, dass ihr Mann sie liebt, »nicht weil ich es dir sage, sondern von dir aus«. Eine Variante, die gelegentlich von der unterlegenen Partei gewählt wird, lautet: »Schatz, lass mich ich selbst sein, bitte!« Aber ich bin ich selbst, oder ich bin es nicht; der Partner kann eigentlich nicht für den anderen bestimmen, dass dieser »er selbst« ist.

»Werde gefälligst selbstständiger!«

Die Entwicklung in der Beziehung hin zu einer größeren Gleichberechtigung von Mann und Frau führt manchmal zu seltsamen Widersprüchen. So will Klaus unbedingt, dass seine Frau Ellen selbstständiger wird. Bei allem, was er zu ihr sagt, schwingt stets die Botschaft mit: »Du musst selbstständiger werden.« Ellen bleibt aber in der Widersprüchlichkeit gefangen. Immer, wenn sie Anzeichen von Selbstständigkeit zeigt, bleibt die Zwiespältigkeit bestehen. Tut sie es, weil sie es selbst will, oder tut sie es, weil er es ihr aufträgt? Man kann nicht auf Befehl selbstständig sein. Denn einen Befehl zu befolgen ist schon ein Zeichen von Unterordnung. Die Widersprüchlichkeit arbeitet in zwei Richtungen. Für ihn gibt es immer den Zweifel: Tut sie es, weil ich es sage oder weil sie es selbst so will? Für sie ist ihre eigene Reaktion auch stets zweideutig: Bin ich nun eine selbstständige oder eine gehorsame Frau? Klaus reagiert dann mit dem Satz: »Sei nicht so gehorsam!«

Eine andere Form dieser Widersprüchlichkeit in einer Beziehung, in der die Frau eine eher klassische Rolle anstrebt, ist die Botschaft an ihren Mann: »Ich will (Befehl), dass du mich dominierst (dass du mir Befehle gibst).« Auch dieser Mann kann unmöglich angemessen reagieren. Wenn es ihm gelänge, sie zu dominieren, würde er immer noch ihren Befehl befolgen.

Regeln für die Kommunikation

Doppeldeutigkeiten, Wortspiele und Widersprüche sind Teil jeder Beziehung. Sie können beim Necken, im Spiel und im Humor eine sehr positive Rolle spielen. Wenn sie aber unter ernsthafteren Umständen die Beziehung bedrohen, ist es besser, sie durch glasklare Eindeutigkeit zu verhindern oder aufzulösen. Diese Eindeutigkeit lässt sich in Form einer Reihe von Kommunikationsregeln herbeiführen.

1. **Was Sie sagen und was Sie tun oder lassen, stimmt miteinander überein:** Wenn er »Ich höre zu« sagt, legt er die Zeitung weg und wendet sich ihr zu. Wenn ihm klar ist, dass er die Tür nicht strei-

chen kann oder will, sagt er laut und deutlich: »Ich streiche die Tür nicht.«

2. **Ihre Haltung und das, was Sie sagen, stimmen überein:** Wenn er keine Lust auf Sex hat und sie darauf dringt, dann sagt er: »Ich habe jetzt keine Lust, mit dir zu schlafen.« So verhindert er, dass er wieder impotent reagiert (»Ich habe Angst und bin nervös«).

3. **Schonen Sie den Partner nicht zu sehr:** Aus den angeführten Beispielen wird deutlich, dass eine ganze Reihe von Widersprüchen in der Kommunikation auf zu große Vorsicht zurückgeht. Eine Frau beschrieb die große Vorsicht und Undeutlichkeit ihres Mannes mit einem schönen Bild: »Ich muss immer im Trüben fischen.« Für den Partner und also auch für die Beziehung ist ein deutliches Nein besser als ein vages Nein. Viele Ja-aber-Botschaften werden durch zu große Vorsicht aufrechterhalten.

4. **Einen Standpunkt einzunehmen ist besser, als Fragen zu stellen, die keine sind:** Viele Fragen in Beziehungen sind keine echten Fragen. Es handelt sich um versteckte Botschaften. »Warum stehen die Mülleimer noch nicht draußen?«, lautet die Frage, obwohl gemeint ist: »Ich bin sauer, weil du die Mülleimer noch nicht nach draußen gestellt hast.« – »Warum brauchst du dieses Kleid?«, bedeutet eigentlich: »Ich finde, dass du dieses Kleid nicht brauchst.« Viele Warum-Fragen bringen den Partner dazu, auf einer rationalen Ebene zu argumentieren. Sie fördern allzu vernünftiges Gerede. Beziehungsprobleme werden dadurch nicht gelöst.

5. **Seien Sie konkret und genau und nicht vage und allgemein:** Vagheit ist oft die Art, mit der Widersprüche beginnen oder beibehalten werden. »Wir müssen einmal etwas dagegen tun.« Hier handelt es sich um eine Botschaft, die angibt, dass der Sender das, wovon er spricht, nicht gerade enthusiastisch in Angriff nehmen wird. Sie enthält sogar eine Verneinung. »Wir müssen einmal etwas dagegen tun – aber jetzt nicht (oder ich nicht).« Es ist viel einfacher zu sagen: »Ich werde morgen zwischen zwei und vier das Kinderzimmer renovieren« oder »In den nächsten Monaten habe ich noch so viele andere Dinge zu tun, dass ich dieses Kinderzimmer sicher nicht schaffe«.

6. **Erklären Sie, was Sie meinen:** Die Kommunikation gewinnt an Deutlichkeit, wenn man nicht davon ausgeht, dass der andere genau weiß, was gemeint ist. »Was ich eigentlich sagen will, ist … Was ich meinte, war, dass es mir auch Leid tut. Es tut mir eher Leid, als dass ich böse bin.«

7. **Beenden Sie Ihre Sätze:** Wenn bei wichtigen Themen Sätze nicht beendet werden, führt dies schnell zu Doppeldeutigkeiten. »Damals … du weißt schon, als … « Partner, die zusammenleben, verstehen natürlich sehr schnell, was der andere gemeint hat. Wenn es aber zu Störungen in der Beziehung kommt, muss man immer ausführen, was genau gemeint ist, auch wenn es mehr Mühe kostet.

8. **Hören Sie auf die unverfälschte ursprüngliche Botschaft:** In einer intimen Beziehung ist echtes Zuhören sehr wichtig. Das Ziel besteht darin, in die Erlebniswelt des anderen einzutreten. Partner haben zeitweise die gleiche Sicht der Dinge wie der andere. Dies setzt aber voraus, dass der eigene Blick deutlich verschoben ist und die eigenen Probleme vernachlässigt werden, um die Dinge möglichst so wie der andere zu sehen. Die Botschaft des anderen wird oft in zwei Richtungen gefiltert: Manchmal hört man, was man fürchtet, und manchmal hört man, was man sich wünscht. Aber es kommt vor allem darauf an zu hören, was der andere meint.

9. **Signalisieren Sie, dass die Botschaft angekommen ist:** Die Übermittlung der Botschaft ist erst abgeschlossen, wenn der Sender der Botschaft vom Empfänger ein Signal erhalten hat, dass diese Botschaft angekommen ist. Kleine Zeichen wie ein »Hm« oder auch nur ein Kopfnicken sind hier wichtig. Nicht zu reagieren ist auch eine Reaktion, aber sie bleibt zweideutig. Hat der andere die Botschaft gehört, oder hat er sie nicht gehört?

10. **Prüfen Sie durch Wiederholung oder Paraphrasierung, ob Sie verstanden haben, was gesagt wurde:** Wiederholung ist ein wichtiges Mittel, um herauszubekommen, ob der andere die Botschaft gehört hat. Man wiederholt, was gesagt wurde, wörtlich, nicht mehr und nicht weniger, während man die Personal-

pronomina jeweils anpasst (aus »ich« wird »du«, und aus »du« wird »ich«). »Ich war schrecklich unruhig, als du um drei Uhr noch nicht zu Hause warst.« – »Du warst schrecklich unruhig, als ich um drei Uhr noch nicht zu Hause war.« Paraphrasierung bedeutet hingegen, in eigenen Worten zu wiederholen, was der andere gesagt hat. Dies geschieht mit der Bitte an den anderen, es zu überprüfen. Das Ziel der Paraphrasierung besteht darin, dass der Empfänger der Botschaft lernt, sich in den Partner einzufühlen: »Ich finde es sehr schön, wenn alles aufgeräumt ist, wenn die Kleidung an der Garderobe hängt und die Schuhe ordentlich auf ihrem Platz stehen.« – »Du findest es sehr schön, dass die Schuhe auf dem Flur an ihrem Platz stehen, dass meine Jacke an der Garderobe hängt und dass das Wohnzimmer aufgeräumt ist.«

11. **Stellen Sie nur echte Fragen und bitten Sie um Informationen:** Man sollte keine Fragen stellen, die etwas suggerieren oder Missbilligung ausdrücken. Der wichtigste Fragentyp ist folgender: »Was meinst du mit …?« – »Wie siehst du …?« – »Wie fühlst du dich dabei?« Der Adressat kann dem Fragenden eine Frage entgegenhalten, wenn die Botschaft nicht eindeutig ist. »Ich sehe, dass du das Gesicht verziehst, und du sagst, dass dir nichts wehtut. Was ist denn nun eigentlich los?«

12. **Lernen Sie Metakommunikation:** In einer Beziehung ist es wichtig, notfalls in eine Metakommunikation eintreten zu können. Metakommunikation heißt, über Kommunikation zu reden. »Meinst du …?« –»Kannst du das anders ausdrücken?« – »Ich würde gern mit dir Folgendes besprechen …« – »Danke, dass du mir zugehört hast.« – »Ich habe mich gut gefühlt, als du mir zugehört hast.«

13. **Es ist besser, über ein konkretes Gefühl zu sprechen:** Manchmal laufen Diskussionen in einer Beziehung auf Verallgemeinerungen hinaus; anschließend wird dann darüber gestritten, ob sie zutreffend sind. Dieser Kampf darum, wer Recht hat, entfällt, wenn über das eigene Gefühl gesprochen wird. Das bedeutet, sich der Beschränktheit des eigenen Standpunkts bewusst zu sein und dies auch zuzugeben. Wenn man dabei über eigene Gefühle

spricht, ist Kommunikation in der direktesten Form möglich. Eine Frau sagt:»Ein Vater muss sich doch mit seinen Kindern beschäftigen.« Aber eigentlich meint sie:»Ich mache mir Sorgen darum, dass du dich nicht genug mit den Kindern beschäftigst. Mein eigener Vater war oft nicht da. Ich will nicht, dass meine Kinder das auch mitmachen. Das fände ich sehr schlimm.«

14. **Rechnen Sie alles zusammen:** Immer wenn eine Person – in wichtigen Fragen – verschiedene Interessen verfolgt, immer wenn sie also einen inneren Konflikt austrägt, sollte sie diesen besser erst einmal für sich selbst lösen und dann erst den Partner mit der Lösung konfrontieren. Sonst könnten die Folgen unangenehm sein (man denke an die Ja-aber-Beispiele) und den Partner in die Enge treiben.»Spaziergänge sind mir zuwider, so viel weiß ich. Aber ich liebe dich, und du gehst gern spazieren. Ich will dir eine Freude machen, aber es fällt mir in diesem Fall schwer. Ich möchte kein zu großes Opfer bringen. Ich bin aber durchaus bereit, einen kleinen Spaziergang mit dir zu machen.« All diese Überlegungen münden in den Satz:»Schatz, ich will zwanzig Minuten mit dir spazieren gehen.«

Diese Regeln sind zunächst nichts weiter als Ratschläge für eine bessere Kommunikation. Sie werden dann wirklich wichtig, wenn beide Partner die Kommunikation verbessern wollen oder in wichtigen Punkten Probleme haben.

Miteinander sprechen

Für das Gespräch miteinander sollten Sie ebenfalls eine Reihe von Ratschlägen beherzigen:

1. Blickkontakt und eine Körperhaltung, die Aufmerksamkeit signalisiert, erleichtern das Gespräch.
2. Für ein wichtiges Gespräch muss man eine günstige Situation schaffen. Dazu gehört: die Verabredung zu diesem Gespräch in einem Kalender notieren, einen passenden Abstand beim Sprechen finden, hinderliche Faktoren eliminieren, die die Aufmerksamkeit ablenken (den Fernseher, das Radio ausschalten, die Zeitung weglegen, eine ruhige Umgebung, die Kinder beschäftigen). Manche Paare gehen lieber miteinander spa-

zieren, um zu reden, andere bevorzugen das Sofa. Wenn beide eine Situation dulden, in der ein Gespräch nur unter Schwierigkeiten möglich ist, ist offenbar ein Widerspruch zwischen dem Wunsch, miteinander zu reden, und dem, eigentlich nicht miteinander reden zu wollen, vorhanden.

3. Ein gutes Gespräch braucht eine gewisse Anlaufzeit, in der über alltägliche Dinge gesprochen wird. Man kann in einem Gespräch nicht sofort Tiefe erreichen. Wer von jetzt auf gleich tief schürfende Gespräche führen will, macht sich leicht lächerlich.

4. Es ist notwendig, ein Thema vollständig zu bearbeiten, bevor ein anderes in Angriff genommen wird. Zahlreiche Beziehungsgespräche würden viel besser verlaufen, wenn man jeweils ein Thema behandelte und immer wieder zum roten Faden des Gesprächs zurückkehrte, sobald ein Gesprächspartner von dieser Regel abweicht.

Kapitel 5: Nachdenken über mich und meinen Partner

In diesem Kapitel wird ein zentraler Punkt der Partnerbeziehung angesprochen. Die Art und Weise, wie jemand über sich selbst denkt, legt seine Stellung innerhalb der Beziehung fest. Aber auch die Art und Weise, wie man über den Partner denkt, ist von großer Bedeutung. Manchmal kann die Vorstellung, die ich mir von mir selbst und meinem Partner mache, ausgesprochen übertrieben und daher verkehrt sein. Ich nenne diese falschen und übertriebenen Auffassungen Mythen. Um sie geht es in diesem Kapitel.

Mythen über die eigene Person

Das Wort »Mythos« kommt aus dem Griechischen. Es bezeichnet Geschichten über jene Dinge, für die die Menschen keine rationale Erklärung hatten: den Tod, das Schicksal, die Götter usw. Ich verwende das Wort hier jedoch im negativen Sinn von »etwas, das nicht ganz wahr und ausgedacht ist«.

Jeder Mensch hat eine Vorstellung oder eine Meinung über sich selbst. Stellen Sie sich vor, Sie würden gebeten, einmal über sich selbst nachzudenken und Ihre Eigenschaften aufzuzählen. Sie beschäftigen sich also mit der Erforschung dessen, wer Sie sind. Grundlage Ihrer Vorstellungen von sich selbst ist Ihr Selbstbild. Wie aber kommt es zustande und was kann man sich darunter vorstellen?

Jeder Mensch hat eine unendliche Anzahl von Merkmalen. So kann man zum Beispiel empfindlich, intelligent, träge, freundlich im Umgang, nachlässig in der Kleidung usw. sein. Ein Mensch kann mit diesen wenigen Eigenschaften jedoch nicht vollständig beschrieben werden. Es können immer noch mehr Eigenschaften hinzugefügt werden. Wenn jemand über sich selbst nachdenkt, wählt er einzelne

Eigenschaften aus dieser unendlichen Anzahl aus und stellt sie in den Vordergrund, denn er findet sie wichtig.

Menschen neigen dazu, über diese Eigenschaften in zwei Polen, also in Extremen zu denken. Sie meinen von sich selbst, sie seien dumm oder klug, träge oder flink, geschickt oder ungeschickt ... In Wirklichkeit gibt es diese beiden Extreme in der Realität überhaupt nicht. *Die* Geschicklichkeit existiert nicht. *Die* Ungeschicklichkeit ebenso wenig. Sie sind nur in unserem Kopf vorhanden; es handelt sich um Abstraktionen. Wenn man von jemandem sagt, er sei schweigsam, meint man damit eigentlich: »Er ist ziemlich schweigsam.« Es kommt also zu einer Vereinfachung. Oder: »Dieser Mann kann keine Kontakte knüpfen.« Indem man das sagt, springt man zu einem der beiden Pole. In Wirklichkeit meint man, dass er einige Schwierigkeiten hat, Kontakte zu knüpfen.

Das realistische Selbstbild

Wir haben gesehen, dass die zwei Extreme des negativen und positiven Pols in Wirklichkeit gar nicht existieren; aber sie tragen dazu bei, dass wir uns etwas vorstellen können. Bei einem realistischen Selbstbild ordnet sich eine Person hinsichtlich einer bestimmten Eigenschaft irgendwo zwischen diesen beiden Extremen ein – und zwar so, dass noch eine gewisse Variationsbreite möglich ist. Diese Eigenschaft kann bei ihr manchmal etwas stärker und manchmal auch etwas schwächer ausgeprägt sein.

Ich will dies am Beispiel von Mr. Bean verdeutlichen. Mr. Bean ist eine berühmte Figur des britischen Komikers Rowan Atkinson und eigentlich ein Mann, der sehr ungeschickt ist und auch extrem ungeschickte Dinge tut. Das Typische der kleinen Geschichten besteht darin, dass er beginnt, sich einem kleinen Problem zu widmen und versucht, etwas daran zu ändern, am Ende jedoch vor einem großen Problem steht – eine Situation, die wohl auch bei Beziehungsproblemen häufiger vorkommt. Mr. Bean macht beispielsweise einen kleinen Fleck auf den Schreibtisch. Er versucht, ihn wegzuwischen. Dabei stößt er das Tintenfass um. Nun hat er auch noch Tinte an den Schuhen. Am Ende der Geschichte sind die Wände, die Decke und der Boden voll mit Tintenflecken, denn er hat so verzweifelt versucht, die Flecken zu beseitigen, dass die Tinte nach allen Seiten gespritzt ist. Das ist typisch für Mr. Bean. Wie könnte nun ein realistisches Selbstbild von Mr. Bean aussehen?

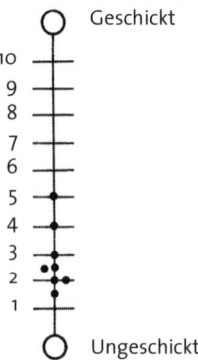

Abbildung 1: Mr. Beans Selbstbild

Nehmen wir zwei Pole. An das obere Ende schreiben wir »geschickt«, an das untere »ungeschickt«. Dazwischen zeichnen wir eine Skala von 1 bis 10 (siehe Abbildung 1). Einem Verhalten, das sehr ungeschickt ist, geben wir einen Punkt. Ein Verhalten, das einigermaßen geschickt ist, erhält fünf Punkte. Verhaltensweisen, die eine sehr große Geschicklichkeit dokumentieren, bekommen neun oder zehn Punkte. Wie in wissenschaftlichen Verhaltensbeobachtungen geben wir immer wieder Punkte für die Verhaltensweisen des Beobachteten.

Ein Morgen mit Mr. Bean

Ich will nun Mr. Bean einen Tag lang folgen und versuchen, sein Verhalten auf der Skala einzustufen. Es ist Morgen, der Wecker klingelt. Das Erste, was Mr. Bean tut, ist, dass er nach dem Wecker tastet; dabei stößt er ihn vom Nachttischchen herunter. Der Wecker fällt auf den Boden. Für das Abstellen des Weckers bekommt Mr. Bean zwei Punkte. Er springt aus dem Bett und zieht sich an. Er hat seine Hose schon ganz angezogen, als er merkt, dass er sie verkehrt herum anhat. Für das

Anziehen seiner Kleidung bekommt er eine Vier. Hose aus, Hose wieder an, und nun ist er schon etwas spät dran. Er stürmt also die Treppe hinunter nach unten, um schnell zu frühstücken. Er stolpert auf der vorletzten Stufe, kann sich gerade noch am Treppengeländer festhalten und fällt beinahe hin. Dafür, dass er die Treppe hinuntergelaufen ist, geben wir ihm zwei Punkte. Er kommt in die Küche. Er schaltet die Kaffeemaschine an und will sich eine Tasse Kaffee einschenken. Aber das kann er nicht so gut, er kleckert. Für das Einschenken bekommt er drei Punkte. Er wischt den verschütteten Kaffee auf und isst sein Frühstück. Er eilt in die Garage, springt in sein Auto und fährt rückwärts. Er hört etwas krachen. Er steigt aus, um nachzusehen. Sein Fahrrad ist wieder unter dem Auto. Wie dumm. Für das Herausfahren aus der Garage bekommt Mr. Bean zwei Punkte. Er fährt zur Arbeit und kommt natürlich viel zu spät. Es gibt kaum noch Parkplätze, nur zwischen zwei Wagen ist eine ganz schmale Lücke frei. Er versucht, sich dazwischenzuschieben, aber er streift einen der beiden Wagen. Die Folge ist ein großer Kratzer. Für das Parken erhält er dreieinhalb Punkte. So weit unser Beispiel.

Mr. Beans Verhaltensweisen können auf einer Skala eingetragen werden. Dann ergibt sich ein Bild, wie es in der Abbildung zu sehen ist: eine Ansammlung von Punkten. Mr. Bean ist eher ungeschickt, und seine Punkte liegen daher auch eher im unteren Bereich. Es gibt Tage, an denen es besser klappt. Es ist sogar schon einmal passiert, dass er eine Tasse Kaffee einschenken konnte, ohne zu kleckern. Es ist aber auch schon einmal passiert, dass es noch schlechter klappte; da ließ er den Topf schon fallen, bevor er aus der Küche ging.

Aber sein Verhalten ist nicht reine Ungeschicklichkeit. Sein Verhalten variiert, es liegt zwischen den Extremen. Jemand, der sich selbst hinsichtlich einer bestimmten Eigenschaft zwischen den beiden Extremen einstuft, hat also ein realistisches Selbstbild. Ich verwende hier den Begriff »realistisches« Selbstbild in der Bedeutung eines relativierten Selbstbildes. Wenn Mr. Bean eine solche Vorstellung von sich selbst hätte, müsste er sagen: »Ich bin ziemlich ungeschickt.« Ein realistisches Selbstbild bedeutet also, sich selbst zwischen den beiden Extremen zu platzieren.

Das mythische Selbstbild

Wann wird aus einem solchen relativierten Selbstbild nun ein Mythos oder ein mythisches Selbstbild? Man spricht in dem Augenblick von einem mythischen Selbstbild, wenn sich jemand beim Nachdenken über die eigene Person selbst in ein solches Extrem hineinstellt und das Gefühl hat, dass er dort immer festsitzt und immer bleiben wird. Das ist der Fall, wenn keine Variation mehr möglich ist, wenn jemand von sich selbst meint: »Genauso bin ich!« An einem bestimmten Tag, beim hunderttausendsten Mal, wenn er wieder einmal kleckert oder etwas Ungeschicktes tut, denkt er: »Eigentlich bin ich einfach ungeschickt.« Was da geschieht, ist sehr wichtig. Er denkt nicht: »Mehr oder weniger ungeschickt.« Er bekommt das Gefühl, dass er wirklich ungeschickt ist. Sehr schnell geht dies mit dem Gefühl einher: »Ich bin immer so gewesen, und ich werde immer so sein. Ich habe zwei linke Hände; ich bin so geboren, und ich werde so sterben.«

Das bezeichne ich als mythisches Selbstbild. Wenn sich jemand absolut sicher ist, eine bestimmte Eigenschaft zu haben, und annimmt, dass er immer so gewesen ist und immer so bleiben wird, sagt man, dass diese Person einen persönlichen Mythos oder ein mythisches Selbstbild hat. Mit Mythos meine ich also in diesem Fall, dass das Selbstbild erstens extrem und zweitens festgefügt ist. Es ist keine Änderung mehr möglich. Es gibt Menschen, die zum Beispiel davon überzeugt sind, dass sie nichts wert sind. »Ich bin weniger wert als jeder andere. Ich bin nichts wert. Ich zähle nicht.« So etwas kann das ganze Leben sehr stark bestimmen. Oder jemand fühlt sich abgrundtief schuldig, also nicht ein wenig schuldig oder dann und wann schuldig, sondern schuldig von Natur aus. Oder jemand denkt von sich selbst: »Das Schicksal spielt mir übel mit. Ich versuche ständig alles Mögliche, aber es gelingt mir nicht. Was ich auch tue, es ist zum Scheitern verurteilt. Siehst du, es geht schon wieder alles schief. Das habe ich doch gleich gewusst.«

In all diesen Fällen handelt es sich um einen persönlichen Mythos. Werden diese Merkmale als extrem erlebt und entsteht das Gefühl, sie seien ein fester Bestandteil der Person, bezeichnet man dies als persönlichen Mythos. Jeder Mensch hat seine eigenen Mythen, seine eigenen Bilder, in denen er ein extremes Bild von sich selbst hat. Dieses kann sein ganzes Leben bestimmen. Es ist also für jeden von uns mit Konsequenzen verbunden, welche Meinung er von sich selbst hat.

Persönliche Veränderung wird undenkbar

Wenn ein Mythos entstanden ist, besteht die schlimmste Konsequenz darin, dass es »unmöglich« wird, sich als Person zu ändern. Man ist so sicher, nun einmal so zu sein, dass man sich eine Veränderung einfach nicht mehr vorstellen kann. Man ist nicht mehr offen dafür. Jemand, der zum Beispiel den persönlichen Mythos hat, dass er nichts wert ist, würde selbst dann, wenn die gesamte Umwelt ihm nachdrücklich bestätigte, dass er sehr viel geleistet habe, nichts Gutes darin sehen können. Für ihn ist keine Veränderung möglich. Würde man ihm anraten, ein Training für mehr Selbstvertrauen mitzumachen, würde er antworten: »Diese Kurse sind bestimmt toll, aber ich bin einfach so.«

Das ist das Schlimmste: Persönliche Veränderung ist völlig undenkbar. Als Person ist man in dieser Hinsicht wie versteinert. Der Mythos verhindert gleichsam eine persönliche Veränderung, weil es unvorstellbar ist, dass man sich noch ändern kann. Jemand, der davon überzeugt ist, dass er völlig ungeschickt ist, wird keinen Kurs für Heimwerker besuchen wollen: »Das ist etwas für Leute, die zumindest ein bisschen was können, aber mir gelingt wirklich nichts. Ich bin einfach ungeschickt.«

Solch ein persönlicher Mythos erweist sich dann auch noch als zutreffend. Er wird schlimmer. Jemand, der davon überzeugt ist, dass er nichts kann und dass alles wieder schiefgehen wird, wird sich auch dementsprechend verhalten. Er verspannt sich, und es geht noch mehr schief. Menschen fangen an, sich entsprechend dem Mythos zu verhalten, den sie von sich selbst haben. So wird jemand, der meint, dass er dumm ist, wahrscheinlich weniger lesen, weniger interessante Dokumentarfilme im Fernsehen verfolgen usw. Man könnte sagen, dass er »dümmer« wird.

Tina wird kleiner

Tina ist mit einem Mann von etwa zwei Meter Größe verheiratet. Sie selbst ist mittelgroß und erlebt ihre Größe immer im Verhältnis zu der ihres Mannes. » Schaut nur, was für einen großen Mann ich habe und wie ich zu ihm aufschaue!« Im Laufe der Jahre beginnt sie, sich immer mehr wie ein kleiner Mensch zu benehmen. Durch ihre Körperhaltung, ihre Kleidung und ihre Art, sich hinzustellen, verringert sich ihre Körpergröße um etliche Zentimeter. Obwohl sie erst dreißig Jahre ist, geht sie leicht gebeugt wie eine alte Frau. Sie schaut auf zu ihrem großen Mann.

Nun kann man sich so benehmen, muss es aber nicht. Eine Frau, die einen großen Mann hat, könnte beispielsweise eine andere Haltung einnehmen und ihre Kleidung, ihre Frisur und ihre Schuhe so wählen, dass sie etwas größer wirkt. Aber diese Frau fühlt sich klein wie ein Zwerg. Ihre Körpergröße und ihre Körperhaltung drücken das aus. Tina wurde »kleiner«. Und ihr Mythos wurde Wirklichkeit.

Leben in einer grünen Flasche

Ein solcher Mythos engt die Sichtweise der Wirklichkeit ein. Zur Verdeutlichung verwende ich folgendes Bild: Einen persönlichen Mythos zu haben entspricht dem Leben in einer grünen Flasche. Wenn man in einer grünen Flasche lebt, ist alles grün: Weiß ist grün. Braun ist grün. Rot ist grün. Man sieht um sich herum eine grüne Welt. Mit einem Mythos ist das auch so. Jemand, der davon überzeugt ist, dass er zum Beispiel nichts wert ist, wird ständig in der Wirklichkeit Belege dafür finden. Und wenn jemand zu ihm sagt, dass er etwas wirklich gut gemacht hat, wird er das nicht so sehen können. Er wird eine andere Erklärung dafür geben. »Du sagst das nur, um mich zu trösten, nicht weil ich es richtig gemacht habe, sondern um mir Mut zuzusprechen. Denn eigentlich bin ich nichts wert.«

Dank der Mythen, die sie von sich haben, sehen Menschen die Dinge durch eine bestimmte Brille. Die Gefahr solcher Mythen liegt darin, dass man die Wirklichkeit – die ja immer viele Nuancen hat – nicht in ihrer Vielfalt erkennt. Es werden dauernd Beweise für das gefunden, was man befürchtet. Ein Mythos färbt alles ein, was man mitmacht, wie man über sich selbst denkt, und er ist wie eine Brille, die man immer trägt: bei den Kontakten mit anderen Menschen und in Beziehungen. Wie eine Person über sich selbst denkt, bestimmt zu einem großen Teil ihr Leben.

Ein solcher Mythos spielt natürlich auch im zwischenmenschlichen Bereich eine Rolle. Er prägt die Verhältnisse zu anderen Menschen.

Andreas und der Empfang

Andreas ist davon überzeugt, dass er schüchtern und unsicher ist. Das ist seine »Natur«. Und nun ist das Schlimmste, was geschehen kann, geschehen: Andreas hat eine Einladung zu einem Empfang erhalten, dem er nicht fernbleiben kann. Er bummelt widerwillig dorthin (»Ich kann keine Kontakte knüpfen. Ich kann mich nicht mit Leuten unterhalten. Ich bin schüchtern. Ich bin unsicher.«). Er kann die Türklinke nicht richtig herunterdrücken und stolpert über die Fußmatte, als er hereinkommt.

Andreas steht da und schaut in die Runde. Ganz im Einklang mit seinem Mythos sieht er zwei Arten von Menschen. »Da ist noch so einer wie ich, der steht auch ganz allein. Der kann auch keine Kontakte knüpfen. Er hat auch noch nichts zu trinken.« Das ist die eine Gruppe von Menschen: die unsicheren, die schüchternen. Und dann sieht er auch noch eine andere Art von Menschen. »Guck dir den Mann an! Zehn Gäste stehen um ihn herum. Er redet viel, und inzwischen greift er schon zum dritten Glas. Er winkt nach dem Kellner. Wie er das macht! Ja, das ist jemand, der Kontakte knüpfen kann. Alle stehen um ihn herum. Er ist selbstsicher. Er nimmt eine Zigarre, steckt gleich noch eine in seine Tasche. Wenn ich das nur könnte!« Kurzum, Andreas unterscheidet zwischen zwei Arten von Menschen: den selbstsicheren und den unsicheren Menschen. Sein Verhältnis zu anderen Menschen ist also von seinem eigenen Mythos geprägt.

Andreas hat seinen eigenen Mythos gefunden. Je sicherer er sich selbst in diesem Punkt ist, desto mythischer. Aber wie paradox es auch klingen mag: Sich seines übertriebenen Selbstbilds bewusst zu werden ist schon ein erster Schritt zur Relativierung des Mythos.

Mythen in der Beziehung

Im ersten Teil dieses Kapitels haben wir uns gefragt, von welcher Bedeutung die Art und Weise ist, wie jemand über sich selbst denkt. Im zweiten Teil soll es um die Mythen in der Beziehung gehen – also darum, wie der Partner und wie die Beziehung erlebt wird. Diese Mythen können unter Umständen sehr schädlich für die Beziehung sein.

Die Partnerwahl

Lassen Sie uns damit beginnen, wie der individuelle Mythos in die Partnerbeziehung Eingang findet. Wenn jemand eine Person auswählt, mit der er zusammenleben möchte, tut er dies auch aufgrund des persönlichen Mythos oder des Selbstbildes, das er von sich hat. Hier gibt es zwei Möglichkeiten: Die erste besteht darin, einen Menschen mit etwa demselben Mythos auszuwählen. »Einfühlsame Künstlerseele sucht einfühlsame Künstlerseele, um zusammen einfühlsam künstlerisch tätig zu sein.« Im zweiten Fall spreche ich von einer Partnerwahl, die auf einem sich gegenseitig ergänzenden Mythos beruht. »Einfühlsame Künstlerseele sucht starken Mann, an den sie sich anlehnen kann.« Die Partner finden sich, weil sie einander ergänzen.

Eine gute Partnerwahl bedeutet: Man hat von Anfang an in so vielen Bereichen wie möglich eine gemeinsame Basis. Danach stellt man eine Reihe von Unterschieden fest, die die Beziehung interessant machen. Es stimmt nicht, dass die Wahl eines ganz verschiedenen Partners eine Beziehung erleichtert. Eine Beziehung ist schon für sich genommen eine riskante Sache. Wählt man jemanden aus, der in vielerlei Hinsicht mit einem selbst übereinstimmt (in Bezug auf Klasse, Sprache, Interessen, Persönlichkeit usw.), so besteht für die Beziehung eine bessere Chance.

Verliebtheit

In unserer Kultur entwickeln sich viele Beziehungen aus einer Verliebtheit heraus. Wie jeder weiß, ist das nicht überall so. Es gibt immer noch Kulturen, in denen der Vater morgens weggeht und abends mit einer Frau für seinen Sohn zurückkehrt. Der Sohn hat dieses Mädchen noch nie gesehen, wie könnte er also verliebt sein? Sie fangen an zusammenzuleben, und es klappt gut. Wenn das nicht der Fall ist, kommen die Clans wieder zusammen. Es wird aufs Neue beratschlagt, und die Frau kehrt in ihren ursprünglichen Clan zurück. Über Verliebtheit wird bei alldem kein Wort verloren.

Einer der Vorteile einer solchen Denkweise besteht darin, dass beim Scheitern einer Ehe eine Gruppe kluger Männer vernünftig darüber redet und dass es nicht nur die beiden Menschen sind, die einsam mit sich die Probleme lösen müssen. Beide haben jeweils die Unterstützung der Familie und des Clans.

Die rosarote Brille

In unserer Kultur ist das anders, wir gehen eine Beziehung aus Verliebtheit ein. Was aber ist das? Verliebtheit bedeutet, dass Oliver Alexa nicht sieht, wie sie ist, sondern wie sich Oliver Alexa wünscht. Jeder von uns hat positive und negative Seiten, Alexa auch. Bei Verliebtheit geschieht allerdings etwas sehr Merkwürdiges: Oliver sieht Alexa nur noch positiv. Sie ist so charmant, so freundlich, so hübsch, so unternehmungslustig, so aktiv, so musikalisch, so einfühlsam und so verständnisvoll, sie hat so schöne grüne Augen und herrliches schwarzes Haar usw. Oliver sieht Alexa also als Ideal. Oliver sieht Alexa buchstäblich leuchten. Die Umgebung sieht das nicht. Sie weist ihn darauf hin, dass Alexa auch Nachteile hat. Aber für Oliver, der verliebt ist, ist das unmöglich. Alexa ist vollkommen. Sie ist überwältigend.

Es wird sofort deutlich, dass es sich hier um einen Mythos handelt. Der eine sieht den anderen als vollkommen. Das Phänomen spielt sich in Olivers Augen ab. Alexa bleibt dieselbe. Aber Oliver sieht rund um Alexa Sonnenstrahlen, die gar nicht da sind. Oliver formt Alexa nach seinem Ideal. Oliver sieht sie so, wie er sie sich erträumt oder wünscht. Das ist Verliebtheit, aber keine Realität. Es bedeutet, die Wirklichkeit rosa einzufärben. Diese Einfärbung erfolgt bei Oliver. Er sieht Alexa als Ideal und nicht mehr als eine ambivalente Person mit Vorzügen und Nachteilen.

Abwendung

Leider geschieht manchmal auch das Umgekehrte: Nach Jahren sieht eine den anderen nicht mehr so, wie er ist, sondern wie er fürchtet, dass er ist. Das Positive ist ganz verschwunden, es wird nur noch das Negative gesehen. Dann heißt es: »Ich hasse ihn, ich kann ihn nicht mehr sehen.« Es geht erneut um ein extremes Verhalten, ein mythisches Bild. Jemanden, der nur negativ ist, gibt es nicht.

Im Laufe der Jahre nimmt dieses negative Bild solche Ausmaße an, dass Michael Marie nicht mehr als Partnerin mit Vorzügen und Nachteilen betrachtet, sondern dass sich seine Befürchtungen bestätigen. Er macht sich über die Jahre hinweg ein Bild von Marie, das negativer ist als die Wirklichkeit. Es ist natürlich ein Mythos, wenn es ein extrem negatives Bild wird. Es ist eine Art umgekehrte Verliebtheit, Widerwillen, Abwendung. Der andere ist die Ursache allen Übels. In der negativen Situation spielt sich genau dasselbe ab wie in der positiven. Freunde und Bekannte werden sagen, dass der Partner doch durchaus gefühlvoll ist, dass er sich um die Kinder kümmert und dass er viel Zeit in die Beziehung investiert. Aber das sieht der andere überhaupt nicht mehr.

Zeitliche Begrenztheit

Jeder weiß, dass Verliebtheit zu den Gefühlen gehört, die kommen und gehen. Menschen, die auf der Basis einer Verliebtheit heiraten, werden diese Verliebtheit höchstwahrscheinlich auch wieder verlieren. Eventuell kann sie in einer Beziehung auch zurückkommen. Es kann sein, dass einer der Partner sich in einen anderen Menschen verliebt, und auch das kann wieder vorübergehen. Verliebtheit gibt es nicht für immer. Es kann sich daraus eine Liebesbeziehung entwickeln oder auch nicht. Das hängt davon ab, was man aus der Verliebtheit macht.

Für sich genommen ist es eine Frage des Gefühls: Weil der tatsächliche Kontakt mit einem Menschen auch immer etwas von seiner negativen Seite erkennen lässt, geht die Verliebtheit vorüber. Überspitzt formuliert könnte man sagen: Wer verliebt bleiben will, sollte am besten Abschied nehmen und mit dem anderen ein Leben lang nur noch schriftlich verkehren. Vielleicht ist es dann möglich, die Verliebtheit zu bewahren.

Passivität

Verliebtheit überkommt den Betreffenden; er ist ihr passiv ausgeliefert. Es ist nichts, das er selbst bewerkstelligt hat. Verliebtheit zählt zu den Gefühlen, und Gefühle sind nicht steuerbar. Verliebtheit ist also keine aktive Haltung. In diesem Sinn unterscheidet sich Verliebtheit von Intimität (das Zusammensein um des Zusammenseins willen, das Zusammensein, in dem ich ich selbst sein kann, meine Gefühle äußern kann, jemanden finde, der mich versteht und mit dem ich einen erfüllten sexuellen Umgang habe). Es ist etwas, in das man viel Energie stecken kann. Ich kann mir Zeit freihalten, um mit jemandem zu sprechen, oder ich kann das unterlassen. Wenn ich es tue, verbessere ich die Chancen für mehr Intimität.

Die beginnende Beziehung

In der beginnenden Beziehung kann man die Art und Weise, auf die Partner einander erleben, als bereichernd und abwechslungsreich beschreiben. Wenn zwei Menschen zusammenwohnen, lernen sie sich in vielerlei Hinsicht besser kennen. Eine ganze Fülle von Eigenschaften tut sich auf. »Oh, sie liebt Musik, das wusste ich noch nicht. Sie mag Jazz, aber keinen Cool Jazz. Das ist neu für mich …« Also lernt man etwas über den anderen hinzu. Das Bild, das man sich vom Partner formt, wird immer facettenreicher. Dies gilt auch für hundert andere Dinge: »Den Nachtisch isst sie lieber nicht.« – »So zieht er sich nicht gern an.« – »Oh, diese Rubrik in der Zeitung liest er nie …«

Eine interessante Beziehung ist eine Beziehung, in der die Partner ständig neu voneinander lernen, in der sie ab und zu vom anderen überrascht sind und das Bild, das sie vom anderen haben, ständig überdenken müssen: »Ich dachte, dass du so bist, aber du bist doch anders.« Das Bild bleibt also abwechslungsreich und liegt nicht ein für allemal fest. Es ist ein lebendiges Bild, ein Bild in Bewegung.

Die festgefahrene Beziehung

In der festgefahrenen Beziehung ist das Bild, das die Partner voneinander haben, starr und verfestigt. Die Partner sehen einander nicht mehr von vielen Standpunkten aus, sondern oft nur noch aus einem bestimmten Blickwinkel. Die Positionen sind unverrückbar. Es geht immer auf dieselbe Art und Weise um dasselbe Thema – beispielsweise um Ordnung: Er ist immer unordentlich, sie ist eine Ordnungsfanatikerin. Es gibt keine Überraschungen mehr. Alles ist vorhersehbar. »Ich werde wieder sagen, dass … Und du wirst dann wieder antworten … Und ich werde dann …«

Es handelt sich um eine versteinerte Beziehung. Am Anfang einer Beziehung spielen die Partner viele Spiele. Wenn man es mit einem Kartenspiel vergleicht, könnte man sagen: Sie ziehen zu Beginn alle Karten, die das Spiel zu bieten hat. Nun aber spielen sie nur noch eine Farbe; sie hat immer die hohen und er immer die niedrigen Karten oder umgekehrt. Es ist ein sehr eintöniges Spiel. So lässt sich das Bild beschreiben, das die Partner in einer festgefahrenen Beziehung voneinander haben.

Dies ist eine bedrückende, extreme Situation. Wie kann es dazu kommen, dass Menschen, die aneinander interessiert sind, die zu Beginn der Beziehung ein facettenreiches und buntes Bild voneinander hatten, so etwas zulassen? Hier spielen eine ganze Reihe von kleinen und großen Mechanismen eine Rolle.

Die Wiederholung

In einer dauerhaften Beziehung wiederholen sich die Dinge. Sie kommt einmal zu spät. Er kommt öfters zu spät. Durch die Wiederholung beginnt dies irgendwann aufzufallen. Ein anderes Beispiel: Sie will sich unterhalten. Sie ergreift wiederum die Initiative zu einem Gespräch, noch einmal und noch einmal. Schließlich wird durch die Wiederholung nach und nach deutlich, dass sie viel häufiger ein Gespräch beginnt als er. Sie möchte sich unterhalten, er dagegen ist schweigsam. Das wird allein durch die Wiederholung deutlich.

Die Erwartungshaltung

Aus der Wiederholung entwickelt sich die Erwartungshaltung. Durch die Wiederholung wird sie denken, dass er wieder zu spät kommen wird, und mit dem Essen auf ihn warten. Dadurch lehrt sie ihn, zu spät zu kommen. Denn er weiß ja, dass er doch noch etwas zu essen bekommt. Wenn er tatsächlich wieder zu spät kommt, bemerkt sie es. Wenn er aber einmal pünktlich ist, bemerkt sie es nicht. Oft verhält es sich in einer Beziehung so, dass nur das unerwünschte Verhalten des anderen registriert wird. Wenn aber alles gut läuft, wird nicht darauf geachtet. Also entwickelt sich eine Erwartungshaltung, eine Art selektive Sicht auf das Verhalten.

Die Definition

Eines Tages, nach einigen Jahren Ehe, sagt sie: »Du sagst nie etwas. Du bist schweigsam.« Sie definiert ihn. Das geschieht zum ersten Mal in einem Streit: »Du bist langweilig. Du lässt nie heraus, was dich beschäftigt, und so wird es auch immer bleiben. Du bist schweigsam.« So entwickelt sich ein Mythos. Die Definition ist in Wahrheit der Mythos. Wenn in einer Beziehung gesagt wird: »Du bist …«, dann ist das gefährlich und kann zu einem Mythos führen. »Du bist schweigsam. Du bist gefühllos. Du bist unordentlich.« Die Aussage wird im Allgemeinen nicht mehr korrigiert. Wenn er böse wird, wird er nicht sagen: »Du bist mehr oder weniger eine Ordnungsfanatikerin.« Er wird sagen: »Verdammt nochmal, was bist du für eine sture Fanatikerin.« Er drückt es extrem aus und schiebt es damit in Richtung des Mythos.

Die zirkuläre Verursachung

Einen weiteren Mechanismus bezeichne ich als zirkuläre Verursachung. Es ist einer der wichtigsten Mechanismen, die dazu führen, dass Beziehungen schlecht laufen. Es gibt zwei Formen der Beeinflussung, zwei Formen, wie etwas aufeinander einwirken kann. Die eine Form nenne ich die direkte Verursachung (siehe Abbildung 2). Das ist die Beeinflussung, wie sie bei Billardkugeln zu beobachten ist.

Wenn ein Spieler einen Billardstock nimmt und damit Kugel A einen kräftigen Stoß versetzt, dann stößt Kugel A gegen Kugel B, und B wird sich in Bewegung setzen. Die Frage nach der Verursachung lautet: Warum bewegt sich B? B bewegt sich, weil A dagegen gestoßen ist. Warum bewegt sich Kugel A? Weil sie vom Billardstock angestoßen wurde usw. Die direkte Verursachung war bis vor kurzem das beliebteste Modell in der Wissenschaft. Etwas wurde analysiert, indem nachgeprüft wurde, was dem unmittelbar vorausgegangen war.

Der Chef maßregelt den Mann, der beschimpft seine Frau, die schlägt das Kind, das im weiteren Verlauf dem Hund einen Tritt gibt. Der Hund bekommt einen Tritt. Warum bekommt der Hund einen Tritt? Der Hund bekommt einen Tritt, weil die Frau dem Kind einen Klaps gegeben hat. Warum hat die Frau das Kind geschlagen? Weil ihr Mann sie ausgeschimpft hat. Und warum hat der Mann sie ausgeschimpft? Weil sein Chef ihn getadelt hat. Vom Chef bis zum Hund besteht eine direkte Verursachungskette.

Der Chef tadelt den Mann, der beschimpft seine Frau, diese wiederum schlägt das Kind, und das Kind tritt den Hund.

A ———————▶ B ———————▶ C ———————▶ D ———————▶ E

Abbildung 2: Direkte Verursachung

Wenn man sich einmal genauer mit den Sachverhalten beschäftigt und die Beziehungen zwischen Menschen analysiert, wird deutlich, dass es in Wirklichkeit um zirkuläre Ursache-Folge-Beziehungen geht. Das ist ein ganz anderes Verhalten als das von Billardkugeln. Zwischen Menschen verhält es sich so, dass Person A Person B beeinflusst, während B auch A beeinflusst. Es geht demnach um eine zirkuläre Art der Beeinflussung (siehe Abbildung 3). A wirkt auf B ein, während B auf A einwirkt. Das gesamte Verhalten von B ist die Folge von A. B zeigt zur gleichen Zeit wie A eine Reihe von Verhaltensweisen. Es handelt sich um einen Zirkel. Während sie weint, seufzt er; weil er seufzt, weint sie etwas mehr. Weil sie weint, seufzt er noch mehr. Dies ist ein zirkulärer Zusammenhang. Warum weint sie? Linear gesehen könnte man sagen: Das Weinen wird dadurch ausgelöst, dass er seufzt, weil er sich nichts aus ihr macht. Und warum seufzt er? Weil sie weint. Aber eigentlich hängen diese beiden Verhaltensweisen miteinander zusammen.

Hier wäre auf das Wechselspiel des Tauben und der Nörglerin aus dem ersten Kapitel zu verweisen. Man könnte sagen: Je lauter sie spricht, desto tauber wird er. Aber je tauber der Mann wird, desto lauter muss die Frau werden. Je tauber er wird, desto mehr wird sie nörgeln und umgekehrt. Das passt zur ersten These aus dem Kapitel über die Kommunikation. Wenn Menschen nahe zusammen sind, sind sie ständig damit beschäftigt, Botschaften auszusenden. Sie beeinflussen sich gegenseitig. Aber dies geschieht *gleichzeitig*. In diesem Sinn handelt es sich um eine zirkuläre Beeinflussung.

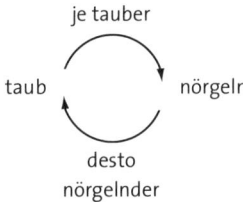

Abbildung 3: Zirkuläre Ursache-Folge-Beziehung

Abstand und Nähe bei Jakob und Sabine

Jakob und Sabine sind seit 15 Jahren verheiratet. Die Gründe, aus denen sie geheiratet haben, sagen bereits etwas darüber aus, wie sie in der Beziehung zueinander stehen. Jakob hatte den Wunsch nach einem Zuhause; er wollte es gemütlich haben, sich bei jemandem glücklich fühlen und sich auf jemanden verlassen können. Sabine hatte geheiratet, um von zu Hause wegzukommen. Ihrer Auffassung nach wurde sie erst dann wirklich eine Frau, als sie verheiratet war. Und die Tatsache, dass sie ihr Elternhaus verließ, war auch ein Zeichen der Selbstständigkeit.

Nun sind 15 Jahre Ehe vorüber. Betrachtet man die Partner, sind zwei Verhaltensweisen feststellbar. Jakobs Verhalten Sabine gegenüber lässt sich folgendermaßen zusammenfassen: Was er auch tut, jedes Mal zieht er Sabine näher an sich heran. Wie geht das vor sich? Zum Beispiel, indem er sagt: »Lass uns miteinander sprechen. Erzähl mir, was du denkst. Was fühlst du? Lass uns gemütlich einen Abend am Kamin sitzen.« Dies wird in der Graphik (siehe Abbildung 4.1) durch einen dicken Pfeil in Richtung Sabine angedeutet. Wenn man Sabine betrachtet, kann man sehen, dass sie eine Bewegung in die entgegengesetzte Richtung macht. Sie betont in der Ehe die Momente der Selbstständigkeit. »Ich habe Lust zu lesen. Ich will fernsehen. Ich will meine Freundinnen besuchen.« Sabine schafft Jakob gegenüber einen gewissen Abstand, indem sie ihre Selbstständigkeit betont. Dies wird mit einer gestrichelten Linie angezeigt (Abbildung 4.2 und 4.3). Aber je mehr Selbstständigkeit sie beansprucht, desto größer wird sein Bedürfnis, bei ihr zu sein. Seine Reaktion besteht in Folgendem: Er betont noch stärker, dass man zusammen sein und miteinander sprechen muss (Abbildung 4.4).

Dies vermittelt ihr das Gefühl, dass er an ihr zieht und zerrt. Also betont sie noch stärker, dass sie auch ihren eigenen Interessen nachkommen will. »Ich will auch einmal in Ruhe Musik hören, ohne gestört zu werden. Ich will auch einmal ein Buch lesen. Ich habe auch meine Hobbys« (Abbildung 4.5). Je mehr sie dies tut, desto verlassener fühlt er sich und desto mehr zeigt er ihr gegenüber ein Verhalten, durch das er sie stärker an sich binden will. »Was denkst du? Was fühlst du? Wo bist du gewesen?« (Abbildung 4.6).

Dadurch fühlt sie sich noch stärker in ihrer Selbstständigkeit bedroht, und sie bekommt das Gefühl, »dass sie ausgesogen, kontrolliert und belästigt wird«. Sie reagiert so darauf, dass sie sich verstärkt in dieser Art und Weise verhält. Sie wird noch mehr Abstand einfordern, noch etwas länger im Badezimmer bleiben und vielleicht abends länger aufbleiben oder früher schlafen gehen, ihre Freundinnen besuchen oder ehrenamtliche Tätigkeiten übernehmen (siehe Abbildung 4.6).

An diesem Beispiel wird die zirkuläre Beeinflussung deutlich, durch die zwei Menschen wechselseitig aufeinander einwirken: er dadurch, dass er vor allem die Nähe betont, und sie dadurch, dass sie auf Selbstständigkeit Wert legt – zwei Aspekte, die in einer Beziehung von großer Bedeutung sind. Was jeder Einzelne tut, ist sehr wichtig. Aber je mehr der eine das eine tut, desto mehr tut der andere das andere. Was zunächst ein Kreis war, weitet sich mit der Zeit zu einer Spirale aus. Es wird immer schlimmer. Jakob sucht noch mehr Annäherung, kontrolliert und bettelt um Aufmerksamkeit. Sie wird daraufhin ein noch ausgeprägteres Fluchtverhalten zeigen. Sie wird allmählich zu einer Frau, die allergisch ist gegen zu große Nähe.

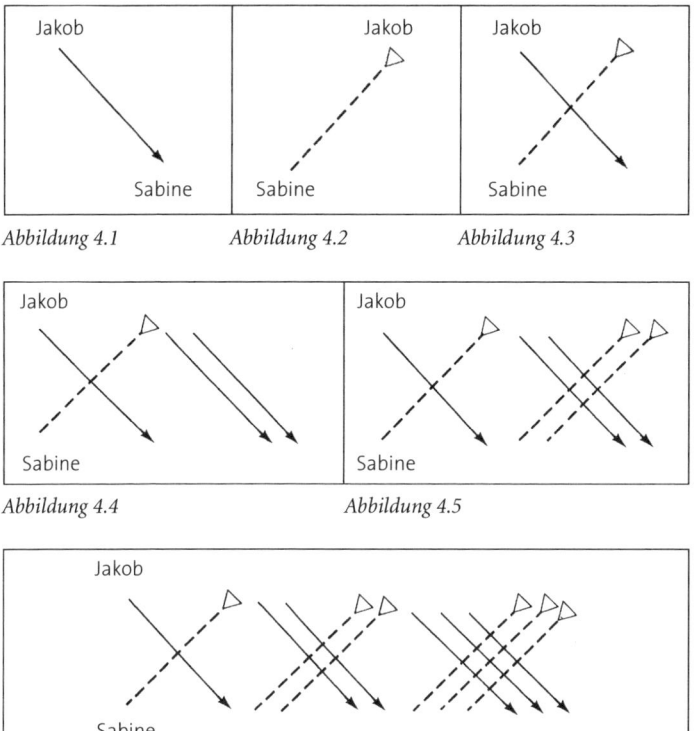

Abbildung 4.1   Abbildung 4.2   Abbildung 4.3

Abbildung 4.4   Abbildung 4.5

Abbildung 4.6

Dauert das eine Reihe von Jahren an, so wird das Bild, das die Partner voneinander haben, entsprechend davon beeinflusst. Ihre Interaktionen kristallisieren sich in dem Bild, das sie voneinander zeichnen. Jakob sieht Sabine als die weit entfernte, abwesende Frau. Sie ist immer unerreichbar. Vor allem, wenn er sie braucht, ist sie nicht da. Das eben beschriebene Phänomen trifft auch hier zu: Wenn sie da ist, dann fällt es ihm nicht auf. Aber wenn sie nicht da ist, bemerkt er es sofort, und es wird ein Drama daraus.

Gestörte Interaktion

In dieser Beziehung gibt es auf beiden Seiten ein mythisches Bild vom anderen. Sabine sieht Jakob als einen Menschen, der viel fordert und kontrolliert. »Er presst mich aus wie eine Zitrone«, sagt sie wörtlich. Und weiter: »Er ist wie mein Vater. Ich bin von zu Hause weggegangen, um mich der Kontrolle meines Vaters zu entziehen. Und was geschieht nun? Mein Mann ist genau wie mein Vater.« Was sie nicht sieht, ist die Tatsache, dass sie Jakob so geformt hat. Sie hat aus ihm einen kontrollierenden, fordernden Mann gemacht. Er seinerseits hat aus Sabine eine abweisende Frau gemacht. Was ist hier genau geschehen? Beide bewirken mit den besten Vorsätzen und mit viel Energie beim anderen das, wovor sie sich fürchten. Die zirkuläre Einwirkung aufeinander führt zu weiteren, extrem mythischen Bildern.

Jede Interaktion in der Beziehung ist durch dieses Verhalten geprägt. Sollte man zu einem bestimmten Augenblick ein Fazit aus dieser Beziehung ziehen, dann wird man jedes Mal auf dieses Problem stoßen.

Sabine und Jakob und eine einfache Frage

Sabine geht einen Abend in der Woche zum Frauentreff. Sie ist gerade dort gewesen und kommt nach Hause. Er fragt: »Wie war es?« Und was denkt sie? »Da haben wir ihn wieder mit seiner kontrollierenden Art. Er will alles wissen.« Das stimmt aber nicht. Er stellt die Frage, die jeder stellt, wenn der Partner nach Hause kommt. Aber sie hat dieses Gefühl aufgrund der Interaktion, die sich ergibt. Sie sagt darauf: »Gut.« Und er denkt sofort: »Sie will wieder nichts sagen. Sie will mich auf Abstand halten.«

Das einfache »Wie war es?« gibt es für beide nicht mehr. Für sie hat es durch das mythische Verhalten, das sie entwickelt haben, sofort eine Bedeutung. Ihr »Gut« ist für ihn eine Abweisung. Sein »Wie war es?« ist für sie erdrückend und kontrollierend. Sie können einander nicht mehr vorurteilslos gegenübertreten. Das ist das Trauma. Sie sehen einander nur noch im Licht des Mythos, in Extremen. Und sie reagieren nur aus sich selbst heraus.

Jeder hält einen Teil seiner Gefühle zurück

Er hält in der Kommunikation einen Teil von sich zurück. Er sagt nicht: »Schatz, als du gestern Abend beim Frauentreff warst, habe ich mich wohl gefühlt wie selten. Ich habe meine Füße auf ein Kissen gelegt, habe den Fernseher angestellt und diese Augenblicke des Alleinseins genossen.« Das wagt er nicht zu sagen. Er denkt: »Wenn ich das sage, ist sie jeden Abend weg.« Also behält er es für sich.

Auch sie unterdrückt einen Teil ihrer selbst. Sie sagt ihm nicht: »Letzten Sonnabend, als wir nach dem Essen zusammensaßen und miteinander sprachen, fand ich es sehr gemütlich.« Sie denkt nämlich: »Wenn ich das sage, muss ich jeden Abend am Kamin sitzen.« Das will sie nicht. In diesem Sinn betrügen sie einander ein wenig, indem sie einen Teil ihrer Gefühle zurückhalten und sie in einen Bereich außerhalb der Beziehung verfrachten. Es mangelt hier an offener Kommunikation, auch wenn es nicht bewusst geschieht. Tatsächlich öffnen sie einander nie ihre gesamte Gefühlswelt, sondern immer nur einen Teil. Jeder hält einen Teil seiner Gefühle zurück.

Jeder hat seine eigene Sicht der Dinge

Diese beiden Personen haben jeweils ihre eigene Sicht von dem, was hier geschieht. Wird Jakob gefragt, was in seiner Ehe geschieht, so wird er sagen: »Es ist schlimm. Ich bin mit einer Frau verheiratet, die immer weg will. Ein Glück, dass ich es ab und zu so einrichte, dass ich mit ihr zusammen bin. Andernfalls würde ich sie überhaupt nicht mehr sehen.«

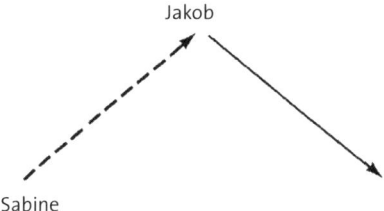

Abbildung 5: Erzählung von Jakob: Sie beginnt, ich reagiere normal.

Man kann dies anhand einer Abbildung verdeutlichen (siehe Abbildung 5). Man beginnt mit einem Pfeil von Sabine zu Jakob, und dann erst folgt der Pfeil von Jakob zu Sabine. Er sieht den Beginn bei Sabine (gestrichelte Linie), und sein Verhalten (volle Linie) betrachtet er als eine normale Reaktion auf ihr Verhalten. Seine Sicht der Dinge ist: »Sabine übertreibt, und ich sorge zum Glück dafür, dass wir noch zusammen sind. Andernfalls sähe ich sie gar nicht mehr.« Dieses Phänomen hat einen Namen: Interpunktion. Wichtig ist, dass er eine ganz eigene Sicht der Dinge hat. Wer hat Schuld? Sie natürlich! Wenn sie nicht immerzu wegginge, dann würden sie eine gute Ehe führen.

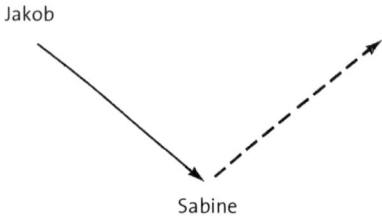

Jakob

Sabine

Abbildung 6: Erzählung von Sabine: Er beginnt, ich reagiere normal.

Aber wie lautet die Geschichte von Sabines Warte aus gesehen? Sie sagt: »Ich bin mit einem Mann verheiratet, der viel fordert, kontrolliert und altmodisch ist. Ein Glück, dass ich gelegentlich das Haus verlasse und ihn ein wenig auf Abstand halte. Andernfalls wären wir schon lange miteinander verwachsen« (siehe Abbildung 6). Ihr Verhalten folgt also ihres Erachtens aus seinem. Mit anderen Worten sagen beide, dass ihr eigenes Verhalten nur ein Versuch ist, die Übertreibungen des Partners zu kompensieren. Wo liegt dann die Ursache? Beim anderen natürlich!

Doch beide begehen den Fehler, einfach einen Anfang zu setzen und diesen Anfang beim anderen zu sehen. In Wirklichkeit beginnen sie natürlich gleichzeitig. Aber ihrem Verständnis nach handelt es sich um ein Nacheinander. Menschen brauchen offensichtlich eine lineare Erklärung. Sie stellen also die Dinge in eine Abfolge und bestimmen den Beginn. Aber beide tun es auf ihre eigene Weise. Aus diesem Mythos folgt: »Ich bin verheiratet mit einer auf Abstand haltenden und abwesenden Frau.« Er will sie ständig näher an sich heranziehen. Dadurch stößt er sie aber von sich weg: Sabine wird darauf mit noch mehr Abstand reagieren. Damit sorgt sie jedoch dafür, dass er noch mehr an ihr hängt.

Zwei Versionen derselben Geschichte

Daraus ergibt sich, dass Beziehungsprobleme besser nicht mit Freunden oder der Familie besprochen werden sollten – weil dann meist nur eine Geschichte erzählt wird. Wenn Jakob seinen Freunden gegenüber erklärt, dass er eine Frau hat, die immer weg ist, welchen Rat werden die Freunde ihm dann wohl geben, um seine Ehe zu retten? »Mir würde so etwas nicht passieren. Ich würde sie nicht weggehen lassen. Du musst sie ein wenig im Auge behalten.« Wenn Sabine ihren Freundinnen berichtet, dass sie mit einem kontrollierenden Mann verheiratet ist, was werden die Freundinnen dann sagen? »Mir würde so etwas nie passieren! Ich würde dafür sorgen, dass ich doch weg kann.« Der gute Rat von Freunden oder der Familie kann in einer Beziehung, die nicht gut läuft, die Probleme nur noch schlimmer machen. Denn sie schließen sich nur einer Version der Geschichte an. Sie hören eine Geschichte, und sie glauben, dass dies nun *die* Geschichte sei.

In einer Beziehung gibt es jedoch nicht nur eine Geschichte. Es gibt hier immer mindestens zwei (in einer Familie sogar noch mehr). Und was bewirkt eine Einmischung von außen? Das Problem weitet sich aus. Man rät Jakob, noch mehr aufzupassen. Also versucht er, Sabine noch stärker festzuhalten, wodurch er sie noch mehr aus dem Haus treibt. Mit den besten Vorsätzen und mit viel Einsatz bewirken beide das, wovor sie sich fürchten.

Kennzeichen und Folgen des relationalen Mythos

1. Ein relationaler Mythos macht eine Veränderung in der Beziehung unmöglich. Wenn ein festes Bild vom Partner entsteht, ist nicht vorstellbar, dass der Partner auch anders sein kann: »Du willst nur der Chef sein, und alles, was du tust, ist darauf ausgerichtet. Ich kann mir nicht vorstellen,

dass bei uns einmal eine gleichberechtigte Beziehung entstehen könnte.« – »Du hast keine Gefühle. Ich kann mir nicht vorstellen, dass du jemals welche haben wirst. Ich bin dessen so sicher, weil ich bereits jahrelang merke, dass du vollkommen gefühllos bist. Ich sehe ständig Beweise dafür. Du bist eine gefühllose Person.« Mit anderen Worten: Eine Veränderung wird undenkbar. Der wichtigste Grund, warum Veränderungen in einer Beziehung verhindert werden, ist, dass keine Veränderung mehr vorstellbar ist. Selbst ein Therapeut und eine Paartherapie rufen dann nur die immer gleiche Reaktion hervor: »Es ist vielleicht eine sehr gute Therapie. Aber nicht für uns, denn sie ist nun einmal so, und er ist nun einmal so.« An den wechselseitigen Bildern voneinander ist nicht zu rütteln.

2. Ein solcher relationaler Mythos beweist sich ständig selbst. Durch die Wechselwirkung ist das bereits hinreichend deutlich geworden. Danach bewirkt ein Partner bei dem anderen jeweils das, was er nicht will. So bringen sie sich gegenseitig bei, anstelle der Wirklichkeit das zu sehen, was sie befürchten. Sie reagieren so, dass der Mythos erhalten bleibt und eventuell noch stärker hervortritt. Ich denke an das Beispiel, in dem Jakob Sabine immer näher an sich heranzog und sie sich dadurch immer stärker von ihm entfremdete. Es schien für ihn wirklich wahr zu sein, dass sie sich immer weiter von ihm entfernte. Es stimmte auch, dass er sich immer mehr an sie klammerte.

3. Der relationale Mythos bedeutet in Wirklichkeit, zu zweit in einem Käfig zu leben. Alles wird durch die Brille der Mythen gesehen, die sich die Partner voneinander zurechtgezimmert haben. Die festgefahrene Beziehung ist gekennzeichnet als eine Beziehung, in der der Reichtum im gegenseitigen Erleben verloren gegangen ist. Was übrig geblieben ist, sind ein oder zwei Phänomene, die extrem festsitzen. Es gibt keine Varianten mehr. Viele Dinge werden nicht mehr registriert. Sabine kann sich nicht mehr vorstellen, dass Jakob ab und zu gern allein zu Hause ist. Das sieht sie nicht mehr. Jakob sieht nicht mehr, dass Sabine tatsächlich viel öfter zu Hause als fort ist. Der Mythos ist ein Filter, er wirkt wie ein Käfig, in dem beide gefangen sind.

Die Entstehung von Mythen verhindern

Wie kann man verhindern, in einem derartigen Mythos gefangen zu sein? Folgende Ratschläge können hier weit reichende Folgen haben.

Nie mehr Gedankenlesen

Gedankenlesen bedeutet in diesem Zusammenhang, von dem Bild auszugehen, das man vom Partner hat, um daraus Schlüsse zu ziehen. Der Ausgangspunkt ist also immer der Mythos. »Ich weiß, dass du wieder weg willst. Und ich weiß auch, was du jetzt sagen willst …« Gedankenlesen ist in Wirklichkeit ein zirkuläres Phänomen, bei dem der eine von dem Bild ausgeht, das er vom anderen hat, um die Wünsche oder Gedanken des anderen zu lesen, bevor der andere sie geäußert hat. Er kann den anderen nicht so sehen, wie er in Wirklichkeit ist; denn er nimmt ihn immer nur so wahr, wie er meint, dass er ist. Wenn man aufhört, Gedanken zu lesen, und wieder lernt, einander zuzuhören, ist dies das Ende des Mythos. So kehren beide zu einer lebendigen Beziehung zurück.

Schluss mit den Definitionen

»Du willst doch immer der Chef sein. Du bist unordentlich. Du hältst Abstand. Du klammerst immer. Du kontrollierst mich ständig. Du hast kein Gefühl. Du bist nicht in der Lage, Kontakte zu knüpfen.« Das sind nur einige wenige Mythen, die in Beziehungen außerordentlich häufig zum Tragen kommen. Es handelt sich dabei genauer gesagt um Definitionen. Jedes Mal, wenn in einer Beziehung der Partner definiert wird, besteht die Gefahr, ihn in Richtung des Mythos zu schieben. Wenn man verärgert ist, verwendet man extreme Begriffe. Nuancen verschwinden, und man geht zum Mythischen und Absoluten über. Das aber verzerrt die Wahrnehmung und verhindert einen partnerschaftlichen Dialog.

Verhandeln, um das rechte Maß zu finden

Der dritte Ratschlag knüpft an die Frage an: Kann man einen Mythos durch Verhandeln verändern? Sehen wir uns erneut das Beispiel von Jakob und Sabine an. Jakob sucht ständig Gelegenheiten, um mit seiner Frau zusammen zu sein. Sabine besteht auf ihrer Selbstständigkeit. Sie kämpfen beide darum, etwas zu bekommen, bei dem sie Angst haben, dass sie es nicht bekommen. Dadurch übertreiben beide, sodass es immer schlimmer wird. Dadurch, dass es beiden nicht gelingt, von dem genug zu bekommen, was sie voneinander erwarten, dreht sich die Spirale immer weiter. Unter normalen Umständen könnte sich ein Gleichgewicht entwickeln. Aber hier gelingt das nicht. Es entsteht ein ernst zu nehmendes Problem.

Verhandeln ist eine geeignete Methode, um in einer Beziehung das rechte Maß zu finden und die Spirale zu durchbrechen. Beim Verhandeln können beide darüber sprechen, welches Problem eigentlich ansteht. Jeder bekommt, worauf er ein Anrecht hat. Sehr wichtig ist, dass beide zu Beginn der Verhandlung unabhängig voneinander deutlich machen, was sie wollen, und dass sie nichts versprechen, was sie nicht halten können.

Sabine und Jakob finden eine Lösung

Jakob muss dafür sorgen, dass er, wie besprochen, lange genug mit Sabine zusammen sein kann. Sabine muss dafür sorgen, dass sie genug Selbstständigkeit und Autonomie behält. Wenn sie das können, wenn für jeden »genug« vorhanden ist, müssen sie nicht ständig miteinander kämpfen, um das zu bekommen, was sie so sehr wollen.

Es ist gut vorstellbar, dass Jakob und Sabine etwas miteinander verabreden: Er sorgt dafür, dass sie einen Abend in der Woche allein sind und sich unterhalten (einen Abend, nicht jeden Abend, wie er es gern hätte), und sie kann sich an zwei Nachmittagen um Kranke kümmern; hinzu kommt noch ein Abend für den Frauenclub. Dann könnten sie es schaffen, dass die Beziehung wieder ins Lot kommt. Denn dann weiß Jakob: Am Samstagabend sind wir zusammen. Sabine weiß auch: An dem Abend, an dem ich zum Frauenclub gehen will, wird er nicht nörgeln. Sie weiß, dass sie sich darauf verlassen kann, und er weiß es auch. Sie müssen es nicht immer wieder neu ausfechten.

Bei der Verhandlung werden die Mythen in dem Augenblick durchbrochen, in dem jeder sein Gefühl mitteilt. Dazu gehört auch der Teil, der dem anderen ansonsten verschwiegen wird. In einer guten Verhandlung wird von den eigenen Gefühlen berichtet. Beim Austausch von Gefühlen verändert sich das mythische Bild. Der Partner kann auf eine andere Art erlebt werden, und man lernt neue Dinge voneinander: »Aha, so ist das bei dir. *Das* ist dir also wichtig … Nun verstehe ich besser, was es für dich bedeutet. Du empfindest es anders, als ich dachte. Ich mache mir nun klar, wie du die Dinge siehst.«

Oft geht mit der Verhandlung auch eine Relativierung des mythischen Bildes einher, das sich die Partner voneinander gemacht haben. Man kann endlich beginnen, in einen echten Dialog zu treten und den anderen so wahrzunehmen, wie er ist – und nicht, wie man ihn bisher sehen wollte.

Kapitel 6: Die sexuelle Partnerbeziehung

Neben dem intensiven Sprechen und Zuhören sowie der Art und Weise, wie man miteinander umgeht, nimmt die Sexualität einen zentralen Platz in einer Beziehung ein. Ein guter Sexualkontakt prägt eine intime Beziehung. In einigen Beziehungen sind umgekehrt sexuelle Schwierigkeiten die Ursache für ernste Probleme. Bei anderen Beziehungen wirken sich (zeitweilige) allgemeine Probleme zwischen den Partnern negativ auf den Sexualkontakt aus.

Sexualität als Interaktion

Die Sexualität kann man im Wesentlichen als eine Wechselbeziehung zwischen zwei Partnern ansehen: als etwas, das sich zwischen den beiden Partnern und nicht so sehr in dem einen oder dem anderen allein abspielt. Sexualität in einer Beziehung ist ein zirkulärer Prozess von wechselseitiger und gleichzeitiger Beeinflussung, der zu einem Höhepunkt führt und dann wieder abnimmt. Auch hier gilt: Sexualität beginnt und endet bei beiden gleichzeitig.

Ria und Sascha

Bei beiden Partnern sind zwei Ebenen zu unterscheiden: die des Ausdrucks und die der Gefühle. Wenn sich Ria sexuell angesprochen fühlt und es auch zeigt (ausdrückt), wird dies bei Sascha zur Folge haben, dass die sexuelle Erregung zunimmt. Diese wird ihrerseits wieder zum Ausdruck kommen und Ria dadurch noch mehr erregen. Diese Erregung äußert sich nun wiederum ... Ein bestimmter Blick von Ria (Ausdruck) ruft bei Sascha bestimmte sexuelle Gefühle hervor (Gefühlszustand), die ihn veranlassen, sie zu streicheln (Ausdruck). Diese Reaktion ruft bei Ria noch größere sexuelle Erregung hervor (Gefühlszustand), woraufhin sie ihn zärtlich küsst (Ausdruck). Dies erregt Sascha noch weiter (Gefühlszustand). Er nimmt sie in die Arme und gibt ihr einen Zungenkuss (Ausdruck) usw. Immer wieder hat das Verhalten des einen Partners Einfluss darauf, was der andere Partner tut oder lässt. Die Gefühle und das Verhalten des einen wirken sich auf die Gefühle und das Verhalten des anderen aus.

In der Sexualität spielen viele Gefühle eine Rolle. Ich beschränke mich hier auf zwei Gruppen von Gefühlen: Lust und Verlangen. Die Lustgefühle hängen davon ab, wie die eigene Person erlebt wird. Man fühlt sich körperlich gut. Man erlebt Spaß an den sexuellen Praktiken. Man genießt intensiv. Die Gefühle des Verlangens prägen das Verhalten der Partner zueinander. Hier geht es um das Bedürfnis, den anderen zu berühren, zärtlich zu sein, zu küssen, zu streicheln, sexuell zu stimulieren usw. Hier geht es auch um das Bedürfnis, selbst gestreichelt, liebkost zu werden usw. Zu den sexuellen Gefühlen gehören sowohl ein körperliches Wohlbehagen als auch das Verlangen nach mehr. Diese sexuelle Wechselwirkung führt meist zu einem Höhepunkt, nach dem man wieder gemeinsam zur Ruhe kommt.

Die sexuelle Kommunikation

Sexualität ist als nonverbale Kommunikation ein sehr wichtiges Mittel, um den »relationalen Aspekt« der Beziehung anzugeben. Er bringt zum Ausdruck, wie die Beziehung und der Partner erlebt werden. Er sagt etwas aus über Achtung, Zärtlichkeit, Zuneigung, Anerkennung (Wertschätzung), sexuelle Faszination usw. Das heißt nicht, dass in bestimmten Momenten der Beziehung das nichtsexuelle Umgehen miteinander nicht genauso sehr Achtung, Zuneigung oder Zärtlichkeit ausdrücken kann. Das bedeutet auch nicht, dass es nicht auch andere Möglichkeiten gibt, diese Eigenschaften in Beziehungen auszudrücken. Es soll uns hier jedoch ausschließlich um Sexualität gehen.

Werden sexuelle Gefühle gezeigt, geschieht dies zu einem großen Teil in »nonverbaler Sprache«. Dabei werden vier wesentliche Arten von Sprache unterschieden.

Die autonome Körpersprache

Unter autonomer Körpersprache verstehe ich jenen Teil des sexuellen Ausdrucks, der nicht dem Willen unterliegt und nicht unmittelbar kontrollierbar ist. Ein Teil der sexuellen Ausdrucksformen vollzieht sich unbewusst. Will man diese autonome Sprache dennoch bewusst steuern, hat dies meist eine unerwünschte Wirkung. Wenn ein Mann bewusst eine Erektion zu bekommen versucht, bleibt sie normalerweise aus. Eine Erektion unterliegt einfach nicht dem Willen. Wenn eine Frau ganz bewusst versucht, einen Orgasmus herbeizuführen, wird er sich nicht einstellen. Ein Orgasmus kommt von selbst, wenn sie sich von ihren Gefühlen leiten lässt. Will sie es bewusst, dann blockiert sie sich selbst. Es ist, als wolle man etwas mit zusammengepressten Zähnen genießen.

Die Phasen der Erregung

Die Vorgänge, die sich »autonom« im Körper abspielen, können in vier Phasen eingeteilt werden.

1. **Die Erregungsphase:** Als Zeichen der Erregung gilt in der autonomen Körpersprache die Steigerung einer Reihe von Körperfunktionen. In den Genitalien kommt es zu einer erhöhten Durchblutung; der Mann bekommt eine Erektion, die Frau wird feucht. Ferner erhöht sich der Blutdruck, Herzschlag und Atemfrequenz werden schneller, die Körpertemperatur steigt, die Durchblutung der Haut nimmt zu.

2. **Die Plateauphase:** Hier treten dieselben Erscheinungen wie in der vorangegangenen Phase auf, aber sie haben nun ein hohes Niveau erreicht und nehmen noch an Stärke zu.

3. **Die Orgasmusphase:** Diese Phase ist gekennzeichnet durch Kontraktionen der Vagina und des Uterus der Frau bzw. durch Kontraktionen in den Genitalien des Mannes, was den Samenerguss zur Folge hat.

4. **Die Phase des Abklingens:** Der ursprüngliche Ruhezustand des Körpers stellt sich wieder ein.

Diesen vier Schritten geht eine Phase des sexuellen Bedürfnisses voraus; ihnen folgt eine Phase der Befriedigung, die als solche nicht so sehr in der Körpersprache zum Ausdruck kommt.

Die willentlich steuerbare Körpersprache

Hier geht es um Symptome, die dem Willen unterworfen sind (wie etwa Seufzen und Stöhnen); man kann sie gut kontrollieren und bewusst herbeiführen.

Die Verhaltenssprache

Damit ist das Verhalten gemeint, das bewusst kontrolliert werden kann: Streicheln, Umarmen, das sexuelle Spiel an den Genitalien, Küssen, der Koitus. Man kann einen Koitus haben, oder man kann ihn nicht haben. Man kann streicheln oder nicht streicheln.

Die gesprochene Sprache

Beim sexuellen Spiel können auch Fantasien, sexuell erregende oder liebevolle Worte und Gefühle mitgeteilt werden. Sehr wichtig sind hier auch die nonverbalen Aspekte der gesprochenen Sprache: der Ton, das Tempo, die Stimmlage, die Akzentsetzung, die Lautstärke usw.

Die Kommunikation verbessern

Wenn man von sexueller Funktionsfähigkeit spricht, wird die Sexualität genau wie das Atmen oder die Verdauung als ein Geschehen ohne besondere Bedeutung gesehen. Ist jedoch von der Sexualität als Sprache die Rede, bekommt sie einen wichtigen Wert als Zeichen.

Durch eine Differenzierung der verschiedenen Sprachen kann man vielen Schwierigkeiten im Bereich der Sexualität besser begegnen. Auch sexuelle Reaktionen lassen sich dann zum Teil willentlich verändern. So kann Ria von Jan nicht verlangen, dass er eine Erektion bekommen muss, wenn er sich ihr nähert. Sie kann ihn aber bitten, sich interessierter zu verhalten. Er kann von ihr nicht verlangen, einen Orgasmus zu haben. Das hat sie ja selbst nicht in der Hand. Er kann sie aber bitten, am sexuellen Spiel teilzunehmen und zu probieren, ob ihre Erregung zunimmt.

Viele Schwierigkeiten im sexuellen Bereich sind als Gegensätze zwischen den verschiedenen Sprachen zu verstehen. Wenn eine Frau beispielsweise an Vaginismus (Scheidenkrampf) leidet, so bedeutet dies, dass sich ihr Körper »weigert«, beim Sex mitzuspielen; dies geschieht dadurch, dass sich die Muskeln von selbst zusammenziehen. Dieser Reflex kann durch ein geeignetes Therapieprogramm abgebaut werden. Dann kann sich die Frau dafür entscheiden, ob sie mit ihrem Partner Geschlechtsverkehr haben will oder nicht.

Gelegentlich ist der Gebrauch der gesprochenen Sprache die einzige Lösung, um Dinge deutlich zu machen: »Ich will jetzt Liebkosungen, aber keinen genitalen Sex und auch keinen Koitus.« – »Ich fühle mich erregt, aber meine Erektion kommt nicht, ich verstehe es selbst nicht.« – »Ich will dich auf keinen Fall abweisen.«

Aktiv sein

Für einen guten sexuellen Kontakt ist es notwendig, dass beide Partner aktiv werden. Dieses Aktivsein hat zwei gleichwertige Facetten:

1. **Das aktive Empfangen:** sich öffnen für, auf Suche gehen nach, sich treiben lassen in der sinnlichen Wahrnehmung (sehen, hören, riechen, schmecken, fühlen).
2. **Das aktive Geben:** die Initiative übernehmen, streicheln, küssen, berühren usw.

Ein gelungenes Vorspiel erfordert beide Aspekte bei beiden Partnern. Das klassische Bild vom aktiven Mann und der passiven Frau ist für viele überholt, doch bleibt es als Variante im sexuellen Spiel natürlich eine Möglichkeit.

Die eigene sexuelle Geschichte

Jeder Partner kommt mit einer eigenen sexuellen Geschichte in eine Beziehung. Was er heute als angenehm empfindet, hat er früher als angenehm zu empfinden »gelernt«. Höchstwahrscheinlich macht man bereits vor der Geburt Erfahrungen mit dem eigenen Körper. Ein Baby wird angefasst, liebkost und gestreichelt – das ist eine erste Form von Hautkontakt, die mit Zärtlichkeit verbunden ist. Es erfährt die Welt durch das Saugen und lernt so »Mundfreuden«; und damit haben auch die Freuden des Küssens etwas zu tun. Es lernt zu genießen, den Stuhl zurückzuhalten und kommen zu lassen: Freude im analen Bereich. Es entdeckt angenehme Erregungen, wenn es als

Kleinkind mit den Geschlechtsorganen spielt. In der Pubertät kommen angenehme oder unangenehme Erfahrungen mit Masturbation und Homosexualität hinzu. Die ersten sexuellen Beziehungen können eine sehr positive oder auch eine sehr deprimierende Erfahrung sein. Einige Menschen werden sexuell belästigt, andere machen Inzesterfahrungen.

All diese Erfahrungen wirken beim Erleben von Sexualität im Unterbewusstsein weiter, ob sie nun erfreulich oder schmerzlich waren, und jeder Partner nimmt diese Geschichte in seinen sexuellen Kontakt mit hinein. Gelegentlich kann sich eine alte, sehr negative Erfahrung bei jedem sexuellen Kontakt so stark in den Vordergrund drängen, dass psychotherapeutische Hilfe erforderlich wird.

Man lernt nie aus

Sexueller Kontakt ist also nichts Angeborenes, sondern das Ergebnis einer konstanten »Kontaktgeschichte«. Bestimmte Dinge gefallen dem einen und dem anderen nicht. Ein Mann fühlt sich durch eine Frau mit einem schönen Gesicht angesprochen, ein anderer durch eine Frau mit schönen Beinen. Eine Frau wird vor allem durch das, was sie sieht, erregt, eine andere durch das, was sie durch Berührung fühlt. Man hat gelernt, bestimmte Situationen und Erscheinungen sexuell zu interpretieren.

Während seines gesamten Lebens lernt jeder auf seine eigene Weise weiter, mit bestimmten Gefühlen, Zeichen und Signalen umzugehen. Dies führt bei jedem Partner zu einer Reihe von Fertigkeiten, aber auch zu einer Reihe von Defiziten und Verformungen. Die individuelle Lerngeschichte ist jedoch nie abgeschlossen. Defizite können verändert, abgebaut oder gesteigert werden. Etwas kann verlernt oder hinzugelernt werden. Wenn diese Art der Veränderung einem Paar nicht gelingt, sollte es sich am besten an einen Sexualtherapeuten wenden.

Die Bedeutung der Gedanken

Wie jemand über Sex denkt, bestimmt, wie der Sex für ihn sein wird. Hält man Sex für etwas Gutes, Bereicherndes, etwas, das der Mühe wert ist, so wird man ihn leichter genießen können. Man kann sich öffnen für die Erregungen, die über die Sinne erfahren werden, dann ist es, als reagierte das Gehirn mit: »Ich will mehr.« Die Organe schwellen an und verändern sich so, dass sie noch mehr Reize wahrnehmen können. Im negativen Fall signalisiert das Gehirn: »Ich will weniger.« Die Durchblutung nimmt ab, die Organe schließen sich. Das Gefühl für sexuelle Reize nimmt ab. Sexuelle Berührung kann dann sogar als unangenehm empfunden werden.

Sexuelle Klischees

Es kursieren noch immer viele antiquierte Auffassungen über Sexualität wie die folgenden:

• Manche Leute glauben noch immer, dass beim Sex allein die Männer aktiv und die Frauen passiv zu sein haben. Doch jeder Partner will einmal aktiv und einmal passiv sein. Männer finden es oft herrlich, gestreichelt zu werden, ohne dass etwas von ihnen verlangt wird, und Frauen sind manchmal froh, in einem konkreten Moment bestimmen zu können.

• Eine weitere Mär lautet: Männer sind für den sexuellen Genuss der Frau verantwortlich. Aber Frauen sind keine passiven Empfängerinnen, die nur etwas »erdulden«. Sie wollen selbst etwas dazu tun, sexuell mehr Freude zu empfinden, und nicht alles den Männern überlassen.

• Andere wiederum denken, dass Männer sich von Natur aus im sexuellen Bereich gut auskennen und intuitiv wissen müssen, was eine Frau angenehm findet. Das ist falsch. Das sexuelle Verhalten ist angelernt und entwickelt sich zwischen Partnern. Jeder Partner – ob Mann oder Frau – muss dem anderen erst beibringen, was er selbst als angenehm empfindet.

• Einige Paare streben immer wieder den gleichzeitigen Orgasmus an. Auch das ist nicht sinnvoll, denn den gleichzeitigen Orgasmus gibt es nur sehr selten. Andere probieren immer wieder, die Erfahrung eines bestimmten sexuellen Höhepunkts zu wiederholen. Auch das funktioniert nicht: Sexualität spielt sich immer wieder hier und jetzt ab. Was damals und dort geschehen ist, ist unwiderruflich vorbei. Die meisten Paare wissen jedoch, dass Sex keine Sache von Techniken und Stellungen ist. Der Einfluss der Siebzigerjahre mit den vielen akrobatischen Spielarten hat nach und nach abgenommen.

Vermeidungsstrategien vermeiden

Bei Problemen in Beziehungen kommt es gelegentlich zu einer sexuellen Vermeidungsstrategie. Dabei werden Gelegenheiten gemieden, bei denen es zum Sex kommen könnte. Einer der Partner geht früher oder später als der andere zu Bett. Er trödelt im Badezimmer oder auf dem WC. Er beginnt vor dem Schlafengehen einen Streit. Die Frau, die mit weißer Nachtcreme im Gesicht zu Bett geht, findet man nicht nur in Hollywood-Komödien. Man will beispielsweise keinen Sex mehr nach 23 Uhr. Oder man schützt vor, der Partner sei nicht freundlich, nicht zuvorkommend, nicht unternehmungslustig oder nicht zurückhaltend genug gewesen.

In der Sexualität lässt sich durch eine Vermeidungsstrategie jedoch kein Problem lösen: Es wird dadurch nur noch schlimmer. Daher sollte man aufhorchen, wenn man derartige Strategien am Partner oder an sich selbst feststellt, und das Gespräch suchen, um gemeinsam die jeweiligen Ursachen zu erforschen.

Ins Gespräch kommen

Fehlende Gesprächsbereitschaft im sexuellen Umgang kann schwerwiegende Folgen für beide Partner und ihre Beziehung zueinander haben. Am folgenden Beispiel wird deutlich, wie allmählich das mythische Bild vom Partner entsteht.

Schweigen im Bett

Er ist etwas weniger für Sex als sie. Wenn sie ihn darum bittet, ist er noch nicht so weit. Er gibt nach, aber ohne Enthusiasmus. Es läuft also nicht so gut. Er empfindet es als Misserfolg. Sie ist unzufrieden. Dadurch bleibt bei ihr ein Gefühl der Entbehrung zurück. Schnell will sie wieder sexuellen Kontakt. Er zögert und hat Angst, dass es wieder nicht klappen könnte. Aber sie dringt darauf. Er lässt sich überreden, hat dabei aber noch mehr Versagensängste. Es klappt wieder nicht.

Er ist deprimiert, sie verstört. Gleichzeitig wird das Bild vom Partner immer extremer. Sie sieht in ihm einen impotenten Mann, der nichts kann. Er betrachtet sie als sexbesessene Frau, als Erotomanin, die ständig Lust hat. Beide erleben einander extrem. Beide sind jeweils die Ursache für das, wovor sie Angst haben. Beide entwickeln ein mythisches Bild voneinander. Nur intensive Gespräche können eine solche Verschiedenheit sexueller Bedürfnisse auflösen und die extremen Bilder, die beide in Sachen Sex voneinander haben, differenzieren.

Aber man darf nicht vergessen: Am Sex »besprechen« lässt sich nur das, was man selbst im Griff hat. Reflexe oder Gefühle können nicht gesteuert werden. Es können aber sehr wohl Absprachen über das Verhalten getroffen werden, über die Bedingungen, die man schafft, um einen befriedigenden Geschlechtsverkehr zu ermöglichen. Die Partner können sich gegenseitig fragen, was jeder gern haben und geben will, und entsprechende Verabredungen treffen.

Sexualität hat etwas mit der Beziehung als Ganzem zu tun. Wenn die Beziehung nicht in Ordnung ist, ist auch der Sex nicht in Ordnung. Wenn man sich klar macht, dass jede Beziehung einmal eine Krise durchläuft, wird man feststellen, dass es auch in allen Beziehungen einmal mit der Sexualität hapert. Meistens normalisiert sie sich von selbst wieder, wenn die Beziehung besser läuft. Dauern die Schwierigkeiten jedoch an, so sollte ein Beziehungstherapeut, der auch Sexualtherapeut ist, hinzugezogen werden.

Kapitel 7: Umgang mit Gefühlen

Gefühle geben dem Leben Farbe: Angst, Freude, Hoffnung, Enttäuschung, Verbitterung, Einsamkeit, Verlangen, Schuldgefühle, Verärgerung, Irritation, Langeweile, Aufregung, Genuss, Verdruss, Abwendung, Verliebtheit, Scham, Erregung, Ohnmacht gehören dazu, um nur einige zu nennen. Gefühle besitzen viele Eigenschaften: Wir haben sie nicht im Griff. Sie überfallen uns. Sie sind eine Energiequelle. Sie haben eine körperliche Seite. Sie prägen das Verhalten: Was ein gutes Gefühl hervorruft, tut man häufig. Was ein schlechtes Gefühl hervorruft, wird vermieden. Wer über Gefühle spricht und nachdenkt, nimmt in diesem Augenblick bereits Abstand von ihnen. Gibt man sich einem Gefühl hin, nimmt es zunächst meist zu.

Gefühle variieren: Sie sind nicht immer in gleicher Intensität vorhanden. Ein bestimmtes Gefühl (Angst, Verdruss) kann in einem bestimmten Moment sehr intensiv sein und wenig später in den Hintergrund treten. Wer betrübt ist, beginnt über seinen Verdruss nachzudenken und sieht seinen Verdruss vielleicht schwinden: Er hört auf zu weinen. Wer mit jemandem schläft und nicht in seinem körperlichen Gefühl aufgehen kann, wird keinen Orgasmus haben.

Jedes Gefühl ist ein Signal

Wenn sich in einer Beziehung einer der Partner wiederholt für längere Zeit nicht wohl fühlt, dann muss sich in dieser Beziehung etwas verändern. Vielleicht muss die Beziehung verbessert werden. Möglicherweise muss eine Trennung in Betracht gezogen werden. Es sind also die Gefühle, die anzeigen, dass sich die Beziehung verändern muss. Man muss die Grenzen verändern. Merkt einer der Partner, dass er über den anderen verärgert ist, und bemerkt er dieses Gefühl rechtzeitig, dann ist es möglich, die Situation so zu verändern, dass die Verärgerung nicht andauert. Gefühle sind in einer Beziehung also ausgesprochen wichtige Signale.

Einige Beziehungen werden von Angst beherrscht. Ich meine hier die Angst, den Partner zu verlieren, die Angst, dass der Partner unglücklich ist, die Angst vor Bemerkungen oder Beschimpfungen des Partners und die Angst, dass dem Partner etwas zustoßen könnte. Angst ist kein guter Ratgeber in einer Beziehung. Und auch jedes andere negative Gefühl in einer Beziehung ist ein Signal, dass es zu Veränderungen kommen muss.

Gefühlsaustausch in einer Beziehung

Es gibt keine intime Beziehung ohne einen Gefühlsaustausch. Der Austausch von Gefühlen kann sich auf zwei Ebenen abspielen. Partner können miteinander sprechen über das, was sie beeindruckt und wie sie sich fühlen. Dieses Gespräch kann rein verstandesmäßig verlaufen. Es liefert dann wohl Informationen, aber im Hinblick auf die Beziehung ist es nicht sehr wirkungsvoll. Man kann auf einer zweiten Ebene dem Partner aber auch ein Gefühl mitteilen. Er teilt dann das Gefühl, er lebt und fühlt mit. Dann können beide näher auf dieses Gefühl eingehen. Sie kommen so zu einem Gefühl, das von beiden geteilt wird. Wenn man vor diesem Gefühl nicht wegläuft, sondern sich ihm stellt und dem Partner deutlich macht, »was los ist«, und der Partner dies verstehend mitlebt, dann erkennt man sowohl die Grenze als auch den Grund für das Gefühl. Die Partner dringen zum Ursprung des Verdrusses, der Angst und der Enttäuschung vor. Es ist nicht selten, dass sich der Verdruss dann allmählich verändert, die Angst geringer wird und die Enttäuschung abnimmt. Wenn man ein Gefühl gemeinsam durchlebt, kommt in eine festgefahrene Situation wieder Bewegung. Das ist der Kern einer modernen Beziehung.

Das gilt auch für nachhaltige negative Gefühle gegenüber dem Partner. Aus Sorge um die Beziehung und den Partner werden einige es nicht wagen, vor dem Partner ihre negativen Gefühle zu äußern, sondern sie wegschieben, verschweigen, versuchen, so zu tun, als gäbe es sie nicht. Das ist schädlich für die Beziehung. Dem Partner werden zum Teil die als wichtig empfundenen Dinge vorenthalten. Dies führt zur Entfremdung. Der Partner wird weggeschoben. Wenn es ein sehr kurzfristiges negatives Gefühl gegenüber dem Partner ist, sollte man am besten abwarten, bis es vorüber ist. Wenn es aber wirklich um ein nachhaltiges negatives Gefühl geht, dann besteht der einzig gangbare Weg darin, dem Partner das Gefühl mitzuteilen: »Ich bin enttäuscht von dir. Ich empfinde Groll gegen dich. Ich habe Angst vor dir. Ich bin wütend auf dich.«

Der Partner sollte dies nicht als einen Angriff auf seine Person begreifen, sondern als ein Gefühl des anderen, das es nun einmal gibt und unter dem der andere leidet. Das ist nicht einfach. Man sollte immer den Unterschied zwischen »So erlebst du es« und »So erlebe ich es« im Hinterkopf behalten: »Dein Gefühl ist nun einmal dein Gefühl. Ich kann mit dir mitfühlen, ohne dich zu verurteilen, ohne dir eine Lektion zu erteilen oder vordergründig gute Ratschläge zu geben. Das Gefühl hast du nun einmal. Das soll nicht heißen, dass ich dein Verhalten hinnehme oder unterstütze. Dein Gefühl hast du nicht unter Kontrolle, was du aber tust oder lässt, das hast du sehr wohl im Griff. Du kannst dich über etwas bei mir ärgern, aber ich akzeptiere nicht, dass du mich schlägst. Du kannst dich von mir enttäuscht fühlen, aber ich akzeptiere nicht, dass du deine Arbeit liegen lässt. Du kannst dich abgrundtief einsam fühlen, aber ich akzeptiere nicht, dass du dich immer wieder in deine Fluchtburg zurückziehst. Du kannst in einen anderen verliebt sein, aber das soll nicht heißen, dass ich es hinnehme; du darfst nicht Tage (und Nächte) mit dieser Person verbringen.«

Kann man Gefühle beeinflussen?

Ein Gefühl kann nicht direkt verändert werden. Aber indirekt lassen sich Gefühle sehr wohl beeinflussen.

Die Situation verändern

Jedes Paar kennt Situationen, die von einer gemütlichen Atmosphäre und Wohlbefinden geprägt sind: ein gemeinsamer Abend zu Hause bei gutem Essen und schöner Musik, ein festlicher Abend bei Freunden, ein Ausflug mit der Familie usw. So kennt auch jedes Paar Situationen, die Wut und Hass fördern: wenn ein Partner spät von der Arbeit nach Hause kommt, giftige Bemerkungen in Anwesenheit Dritter macht, Uneinigkeit über die Aufgabenverteilung im Haushalt herrscht usw.

Irritationen summieren sich leicht. Sie sind wie eine langsam ansteigende Kurve mit regelmäßigen zeitweiligen Rückgängen. Die Irritation beginnt, sie erreicht schnell ihren Höhepunkt und nimmt dann wieder ab. Wenn ein neuer Konflikt entsteht, wird die Irritation schneller und stärker zunehmen und dann wieder von selbst langsam abnehmen. Wenn sich dann wieder ein neuer Irritationspunkt ergibt, dann wird die gesamte Irritation wieder schnell zunehmen und noch stärker sein (siehe Abbildung 7). In einem bestimmten Augenblick bringt ein Tropfen das Fass zum Überlaufen. Der Partner explodiert in unverhältnismäßiger Weise (unverhältnismäßig in Bezug auf die letzte kleine Irritation, die nur ein Anlass ist).

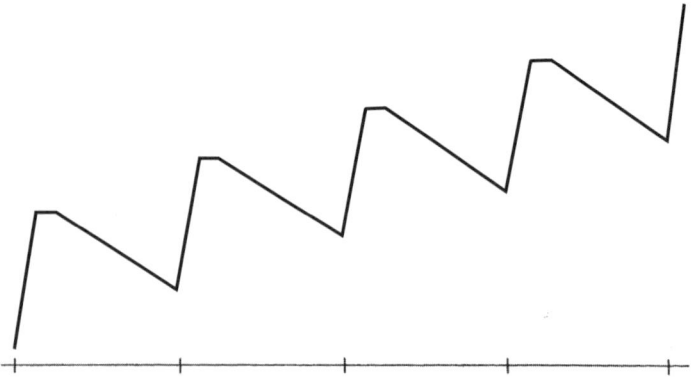

Abbildung 7: Die ansteigende Kurve der Irritationen

Es gibt eine ganze Liste von Situationen, die Irritationen hervorrufen. Das negative Gefühl kann durch die Veränderung genau dieser Situationen abgeschwächt werden. Bessere Absprachen und Regelungen können die Irritation abklingen lassen. Hier ist Vorbeugen besser als Heilen. Wem es gelingt, die irritierenden Punkte auf angemessene Weise anzugehen, vermeidet diesen Aufschaukelungseffekt. Wenn die Irritationspunkte auf etwas zwischen beiden Partnern zurückgehen, ist ein Gespräch die Methode der Wahl.

Der Einfluss der Gedanken

Gefühle werden auch von dem beeinflusst, was man denkt. Wenn man immer wieder denkt, man sei nichts wert, werden Minderwertigkeitsgefühle entstehen. Wir haben bereits gesehen, wie stark uns Mythen beeinflussen können. Was jemand über seinen Partner in der Beziehung denkt, hat einen Einfluss auf seine Gefühle. Wenn ich meine Beziehung immer wieder mit einer idealen romantischen Beziehung vergleiche, wird sich bei mir ein Gefühl der Enttäuschung entwickeln. Wenn ich mir immer wieder das Negative an meinem Partner vor Augen führe, werde ich mich immer stärker von ihm abwenden.

Der Einfluss des Verhaltens

Gefühle werden auch durch Verhaltensänderungen beeinflusst. Nehmen wir einmal an, mein Partner gehe gern ins Theater und ich nicht. Ich kann darauf so reagieren, dass ich nicht mit ins Theater gehe. Aber so werde ich keine Freude am Theater entwickeln können. Ich kann aber auch ab und zu in ein wirklich gutes Stück mitgehen. Vielleicht mache ich dann eine Entdeckung: Es könnte doch sein, dass ich lerne, bestimmte Aspekte daran zu schätzen.

Mein Partner ist aufs Skifahren versessen, ich dagegen nicht. Wir fahren einige Male zusammen in den Skiurlaub, und ich lerne, Ski zu fahren. Ich beginne, Freude daran zu haben. Mein Partner liebt romanische Architektur. Im Urlaub besichtigt er mit dem Führer in der Hand Kirchen und Klöster. Wir besuchen sie zusammen. Ich mache eine Entdeckung im Seitenschiff von Cluny. Ich bin überwältigt von Vézelay und aus Fontenay gar nicht mehr wegzubekommen. Auf diese Weise kann man auch Carl Philipp Emanuel Bach oder Mozart, Wim Wenders oder Luc Besson, die Kunst der Kykladen oder von Byzanz, Fußball oder Basketball lieben lernen. So lernt man, gern spazieren zu gehen, zu schwimmen, Tennis zu spielen, zusammen abzuwaschen oder harmonischer miteinander zu schlafen.

Ausleben oder unterdrücken?

Jüngere Paare denken gelegentlich, dass sie ihren Gefühlen stets freien Lauf lassen müssen. Die Gefühle sind da, also müssen sie heraus. Bei passender und unpassender Gelegenheit wird der Partner damit konfrontiert. Selbstbeherrschung und eine gewisse Kontrolle der Gefühlsäußerungen wird bereits als schädlich angesehen. Und tatsächlich: Übertriebene Kontrolle ist für den Einzelnen und die Beziehung schädlich. Das Unterdrücken von Gefühlen kann körperliche Auswirkungen haben: Magengeschwüre, Migräne oder sexuelle Probleme können die Folge verkrampfter, unterdrückter Emotionen sein. Andererseits ist es ebenso schwer, mit einem Partner zusammenzuleben, der dem anderen verletzende Dinge an den Kopf wirft, weil er »das so empfindet« – also mit jemandem, der sich allein von seinen momentanen Gefühlen leiten lässt.

Eine gewisse Selbstbeherrschung schadet weder dem einzelnen Partner noch der Beziehung. Im Gegenteil, sie ist notwendig. In einer Beziehung ist Geduld eine gute Eigenschaft. Es kommt vor, dass nicht beide Partner gleich gefühlvoll und vernünftig sind. Dann entwickelt sich der Mythos vom vernünftigen, rein rational funktionierenden Mann und von der übersensiblen, labilen Frau. Auch hier lösen beide das aus, wovor sie sich fürchten.

Gefühle und Rituale

Rituale können Gefühlen eine Form geben und ihrerseits Gefühle hervorrufen. Rituale in einer Beziehung sind einem bekannten Schema folgende Verhaltensweisen, die eine spezielle Bedeutung für die Familie oder die Partner haben. Sie unterstützen das Gefühl der Zusammengehörigkeit. Ein Familienausflug kann ein solches Ritual der Zusammengehörigkeit sein; das trifft auch auf einen Familienurlaub zu, das lange Frühstück am Sonntagmorgen, das gemeinsame Karten- oder Gesellschaftsspiel, die gemeinsame Erledigung bestimmter Arbeiten. Solche Rituale können ein gutes Gefühl zum Ausdruck bringen oder auch hervorrufen.

Kapitel 8: Phasen und Übergänge

Eine Beziehung verändert sich mit der Zeit. Im Hinblick auf den Verlauf einer Beziehung lassen sich sieben Phasen unterscheiden:

1. das Entstehen einer Beziehung,
2. gemeinsam Abstand finden gegenüber den Familien,
3. mit kleinen Kindern leben,
4. im mittleren Alter mit Heranwachsenden umgehen,
5. das leere Nest,
6. der Ruhestand und
7. das Zurückbleiben des überlebenden Partners.

Zwischen jeder dieser Phasen muss es in der Beziehung einen Übergang geben. Es müssen neue Regelungen und Verhaltensweisen zwischen den Partnern entstehen. Jeder Übergang ist eine Zeit der Krise und Spannung.

Vor und nach der Beziehung

Die erste und die letzte Phase werden nicht ausführlich behandelt, weil es in diesem Buch vor allem um das Zusammenleben zwischen zwei Partnern geht. Die erste Phase, in der Beziehungen geknüpft werden, die zu einer langfristigen Beziehung führen sollen, ist eine Art Übungszeit im Beginnen und Beenden von Beziehungen. Zu lernen, Abschied vom möglichen Partner zu nehmen, kann eine wichtige Erfahrung für später sein. Aus wissenschaftlichen Untersuchungen geht hervor, dass sowohl derjenige, der in dieser Phase zu viele Beziehungen beginnt und abbricht, als auch derjenige, der den erstbesten Partner heiratet, ein großes Risiko eingeht, dass die Beziehung scheitert.

Die letzte Phase, in der ein Partner nach dem Verlust des anderen (durch Tod, Trennung oder Scheidung) weiterlebt und in der es darauf ankommt, selbstständig wieder einen Platz im Leben zu finden, geht über den Rahmen dieses Buches hinaus, das sich ja mit Partnerbeziehungen beschäftigt.

Gemeinsam Abstand finden zu den Familien

Angemessen auf Abstand von der eigenen elterlichen Familie zu gehen ist oft eine schwierige Gratwanderung. Zum einen sollten die Partner besser nicht zu dicht bei der Familie wohnen: Beispielsweise spielt bei sexuellen Problemen manchmal die Tatsache eine Rolle, dass das Paar jahrelang in der elterlichen Familie gewohnt hat. Doch es geht gar nicht so sehr darum, faktisch im selben Haus zu leben, sondern vor allem darum, die Identität als Paar psychologisch nicht verteidigen zu können. Beide Partner machen sich zu viele Gedanken darüber, was die anderen Hausgenossen wohl denken könnten. Ständige Abgrenzungsprobleme und Einmischung in die Intimität des Paares sind die Folge.

Andererseits könnte es auch Schwierigkeiten geben, wenn das Paar zu weit entfernt wohnt. Dies geschieht gelegentlich bei manchen jüngeren Leuten, die sich vehement von ihren Eltern losreißen, und das auf eine Art und Weise, die bleibende Narben hinterlässt und bei der sie durch eine Art ständiger Opposition paradoxerweise doch noch sehr an die Eltern gebunden bleiben.

Die Gretchenfrage ist: Ist das Paar in der Lage, ein eigenes, gemeinsames Territorium abzustecken? Und welche Bereiche werden von den (Schwieger-)Eltern besetzt? Auf diesem Gebiet kann es zu Problemen kommen, wie beispielsweise bei einem Paar, bei dem der Mann impotent war und beim sexuellen Zusammensein immer wieder seinen Vater vor sich sah, der ihm verbot, sexuelle Lust zu empfinden. Das Problem wurde erst gelöst, als er seinem Vater innerlich sagen konnte: »Es ist mein eigenes Leben und meine eigene Beziehung.« Gelegentlich fällt auf, dass bei Schwierigkeiten mit den (Schwieger-)Eltern oft der Partner um Hilfe bittet, der den betreffenden Elternteil ins Haus geholt hat.

Das wichtigste Mittel, um eine freie und positive Haltung gegenüber den Familien zu erreichen, ist, dass das Paar eine Einheit bildet. Sonst werden die Eltern bei Abgrenzungsproblemen erneut versuchen, das eigene Kind vom Partner fortzuziehen. Das Paar ist in diesem Punkt so stark, wie es die beiden Partner zusammen sind.

Robert und die Schwiegereltern

Robert wird von seinen Schwiegereltern abgelehnt. Angeblich tauge er
nichts. Sie versuchen ihre Tochter immer wieder gegen ihn aufzubringen, und langsam entfremdet sich das Paar. Lea übernimmt allmählich
in allem, was ihren Mann betrifft, die Auffassungen ihrer Eltern. Robert
weigert sich, seine Schwiegereltern weiterhin zu besuchen. Es droht die
Scheidung. Die Frau sucht engeren Kontakt zu ihren Eltern. Allein ist sie
nicht in der Lage, sich aus dem Griff ihrer Eltern zu lösen. Sie kommt
nicht gegen sie an. Nach einer gemeinsamen Beziehungstherapie bestimmen Robert und Lea zusammen ihre Position gegenüber ihren
Eltern. Das Band zwischen beiden wird stärker, und das Problem rela-
tiviert sich.

Im Heiratsritual kommt deutlich zum Ausdruck, dass die beiden
Partner von ihren Familien einen gewissen Abstand gewinnen. Diese
Annäherung zwischen den Partnern bedeutet aus der Sicht der Familie eine definitive Trennung. Auch die Hochzeitsreise passt gut dazu.

Zu Schwierigkeiten mit der Familie des Partners kommt es gelegentlich auch aus Neid. Die Frau des jüngeren Bruders findet, dass er
sich im Geschäft vom älteren Bruder ausnutzen lässt und dass dieser
es auch finanziell viel besser hat. Die Loslösung von der Familie des
Partners hat unmittelbar etwas damit zu tun, welches Verhältnis das
Paar zueinander hat.

Mit kleinen Kindern leben

Wenn Kinder kommen, verändert dies die Lebensweise eines Paares
gründlich. Neue Gewohnheiten entstehen, alte Privilegien werden
abgeschafft. Aus diesem Blickwinkel ist die Ankunft des ersten Kindes eine Umwälzung, vor allem auch, was die Verteilung der Aufmerksamkeit innerhalb der Familie angeht. Der Mann wird eifer-
süchtig auf die Aufmerksamkeit, die die Frau dem Kind widmet. Die
Frau gibt einen Teil ihrer Zärtlichkeit und ihrer Liebe nicht mehr
ihrem Mann, sondern ihrem Kind. Bei einigen Paaren beginnen die

Probleme unmittelbar nach der Geburt des ersten Kindes. Die Geburt verstärkt den definitiven Charakter der Partnerwahl, beide Partner werden nun auch Eltern.

Echte Elternschaft verlangt Anstrengung. Es geht nicht immer wie von selbst. Reibereien zwischen den Partnern werden wahrscheinlicher. Kinder können das sensible Gleichgewicht zwischen den Eltern verändern und so die Dinge auf die Spitze treiben. In den Kindern sehen die Eltern in aller Deutlichkeit auch ungeliebte Züge des Partners. Zudem müssen sich in dieser Phase die Eltern in ihrem Beruf noch beweisen, und das ist eine zusätzliche Belastung. Berufliche Probleme können im Familienleben ihren Niederschlag finden.

Der sexuelle Verkehr zwischen Partnern kann während einer Schwangerschaft gelegentlich seltener werden. Zärtlichkeiten zwischen den Eltern können in der Zeit mit kleinen Kindern zurückgehen und sich mehr auf die Kinder verlagern. Von den kleinen Kindern Abstand zu gewinnen ist ebenfalls schwierig. Der Tag, an dem das Kleinkind zum ersten Mal in den Kindergarten geht, bedeutet für die Mutter, es loszulassen. Darin sieht sie einen Vorboten der Phase, in der das Kind die Familie definitiv verlässt. Dasselbe Phänomen erklärt auch, warum sich Eltern gelegentlich so schwer damit tun, einen Babysitter zu engagieren.

Bei anderen Paaren wird wiederum die Kinderlosigkeit zur Last. Sie müssen lernen, mit der Erkenntnis zu leben, dass sie keine eigenen Kinder haben werden. Ob sie sich dann für eine künstliche Befruchtung entscheiden, für oder gegen eine Adoption, kann mit großen Spannungen einhergehen.

Sebastians Unfruchtbarkeit

Sebastian und Anke sind seit ein paar Jahren verheiratet. Sebastians erste Frau ist gestorben. Nach monatelangen Untersuchungen wird festgestellt, dass Sebastian unfruchtbar ist. Anke hängt noch sehr an ihrer Mutter. Sie hat Angst vor allem, was mit Geld zu tun hat, und viele körperliche Beschwerden. Es kommt zu Schwierigkeiten in der Beziehung. Anke will einmal ein Kind und dann wieder nicht. Das bringt Spannungen mit sich. Die Spannungen tragen dazu bei, dass Sebastian nun keine

Kinder mehr will. Dies führt zu noch größeren Konflikten. Beide sind gegen eine Adoption. Anke würde einer künstlichen Befruchtung zustimmen, aber Sebastian will – angesichts der Schwierigkeiten – keine künstliche Befruchtung durch einen Spender. Die Konflikte nehmen ständig zu.

Im mittleren Alter mit Heranwachsenden umgehen

Wenn die Kinder in die Pubertät kommen und zu Jugendlichen heranwachsen, begreifen die Eltern, dass sie selbst zu einer anderen Generation gehören. Beim Umgang mit größeren Kindern ist es noch wichtiger, als Eltern an einem Strang zu ziehen. Sie müssen sich, was die Heranwachsenden angeht, gegenseitig unterstützen. Größere Kinder bleiben abends länger auf und dringen so in ein gemeinschaftliches Terrain ihrer Eltern vor: die Abende zu zweit. Auch in diesen Augenblicken wird die Aufmerksamkeit nun geteilt. Die Privatsphäre des Elternpaares nimmt ab, es sei denn, dass sie besondere Absprachen treffen. Andererseits gewinnt die Mutter etwa neue Freiheiten. Sie muss nicht mehr ständig hinter den Kindern zurückstecken und kann wieder ihren Hobbys nachgehen oder verstärkt in den Beruf zurückkehren.

In dieser Phase haben die Partner oft schon ein eigenes Haus: Durchschnittlich verwenden Menschen etwa ein Jahrzehnt ihrer Ehe oder Partnerschaft für den Bau oder den Erwerb eines eigenen Hauses. Dies ist ein gemeinsames Ziel, bei dem sie zusammenfinden. Manchmal wird es sogar zum alles beherrschenden Ziel der Beziehung. Ist das Haus dann da, bricht die Beziehung nur allzu leicht auseinander, weil neue Ziele fehlen und die Kinder langsam flügge werden.

Beziehung zu dritt

Nun erreichen die Eltern die mittlere Lebensphase. Der Traum, noch einmal ganz von vorn zu beginnen, führt gelegentlich zu intimen Beziehungen mit Dritten. Man ist auf der Suche nach einem jüngeren Partner und verliebt sich. Diese Nebenbeziehungen können zu einer ernsten Krise führen, wenn man dieser Person mehr Aufmerksamkeit und Zeit widmet und man mit ihr mehr Gefühle austauscht als mit dem Lebenspartner. Die Trennung droht. Andere wiederum fühlen sich beflügelt, die Affäre bringt für sie kostbare Erfahrungen mit sich und geht dann wieder vorüber.

Franz, Lisa und Bernadette

Franz ist 50 und Lisa 45. Franz war sein Leben lang impotent. Lisa hat gelernt, damit zu leben. Zur großen Verwunderung ihrer Freunde kommt heraus, dass Franz schon seit etwa zehn Jahren eine zehn Jahre jüngere Freundin hat, Bernadette. Es ist eine Kollegin, mit der er sich gut versteht und die auch gern Mozart hört; mit ihr hat er schon zweimal die Salzburger Festspiele besucht. Lisa wollte nicht mit ihm dorthin. Es handelt sich um eine reine Freundschaftsbeziehung.

Lisa ist völlig fassungslos. Sie wusste nichts davon und nimmt es ihm vor allem übel, dass er Bernadette so viel Aufmerksamkeit gewidmet hat. Sie ist enttäuscht, fühlt sich betrogen. Sie hat Angst, dass zwischen Franz und Bernadette auch eine sexuelle Beziehung besteht. Er hat Angst, dass sie ihm nicht mehr vertraut. Es drängt sich die Frage auf, ob zwischen Franz und Lisa noch so viel Gemeinsamkeit möglich ist, dass die Beziehung mit Bernadette unwichtig wird. Was haben sie noch aneinander?

Nicht nur die Tatsache, dass der Partner eine Beziehung hat, ist schwer zu akzeptieren. Es ist vor allem schmerzvoll, weil der Partner es verschwiegen hat. Wenn man etwas verschweigt, das man persönlich in einer Beziehung für wichtig ansieht, geht das immer auf Kosten der Intimität. »Was ich nicht weiß, macht mich nicht heiß«: Diese Rechnung funktioniert so lange, bis es doch einmal gesagt wird. Dann ist der Schock umso größer. Ein Paar kann aus diesen Abenteuern mit Dritten lernen, dass die eigene Beziehung kultiviert werden muss: indem man sich wie zu einem Rendezvous miteinander verabredet, dem anderen Blumen oder Aufmerksamkeiten mitbringt, zusammen ins Theater geht, ein Konzert besucht, übers Wochenende ohne die Kinder verreist, zusammen Sport treibt oder tanzen geht, zusammen gemütlich isst … Gemeinsam die Affäre zu verarbeiten kann auch miteinander verbinden.

Vertrauen ist Kredit ohne Sicherheit

Partner haben oft Schwierigkeiten, den Unterschied zwischen Vertrauen und Sicherheit zu erkennen. Einige wollen in einer Beziehung das Vertrauen durch mehr Sicherheit und durch Kontrolle über den Partner stärken. Das funktioniert natürlich nicht, weil man den anderen damit gängelt.

Gerade weil man sich des anderen nie ganz sicher sein kann, ist dieses Vertrauen so wichtig. Vertrauen heißt, dem anderen Kredit ohne Sicherheit einzuräumen. Wenn beide so ehrlich wie möglich zueinander sind, wird das Vertrauen füreinander zunehmen. Sicherheit wird es aber nie geben.

Das leere Nest

Während der reifen Lebensphase kommt eine Zeit, in der die Kinder selbstständiger werden, man die angestrebte Stufe der Karriereleiter erreicht, der materielle Wohlstand gesichert und die sexuelle Beziehung für beide vertraut ist.

Ein Stück von sich selbst loslassen

In unserer Gesellschaft ist die Kleinfamilie sehr oft eine geschlossene Zelle, die aus sich selbst heraus besteht und losgelöst ist von der übrigen Familie. In dieser Kernfamilie sind die persönlichen Beziehungen zwischen den Familienmitgliedern besonders wichtig. Für die Eltern ist die Beziehung zu den Kindern sehr bedeutsam. Vor allem für den Partner, der schwerpunktmäßig die Erziehung der Kinder übernimmt, ist diese das »ganze Leben«. Er investiert viel und hat viele Probleme zu meistern, zieht aber auch eine große Befriedigung daraus.

Wenn die Kinder die Familie verlassen, ist dies ein echter Verlust. Darauf geht auch die negative Formulierung für diese Phase zurück:

das leere Nest. Der Verlust, den die Eltern erfahren, hängt mit der Art und Weise zusammen, wie die erwachsenen Kinder die Familie verlassen. Geschieht es im Konflikt, widerwillig, mit viel Krach und Streitereien, dann schlägt dies tiefe Wunden. Es ist fraglich, ob die Kinder auf diese Weise wirklich und wahrhaftig von der Familie loskommen, denn es bleiben Irritationen und Konflikte bei beiden Parteien zurück, die gelöst werden müssen.

Beim gelungenen Loskommen wird ein positives Band zwischen den Eltern und den erwachsenen Kindern geknüpft, wenn auch auf Abstand. Aus der Sicht der Eltern bedeutet dies, dass sie die Kinder ihr eigenes Leben führen lassen, selbstständig, aber nicht abgewiesen, sodass noch Kontakte möglich sind – so häufig, wie beide Parteien dies wollen. Es bedeutet auch, dass sie den Kindern die Kontrolle über ihr Leben vollständig selbst überlassen. Ein solches Verhalten kann zu einer neuen Qualität in der Eltern-Kind-Beziehung auf einer gleichwertigen und verständnisvollen Basis führen. Umgekehrt meint das Klischee vom »Schwiegerdrachen« nichts anderes als eine Mutter, der es nicht gelingt, ihre Kinder gehen zu lassen, und die sich immer noch in deren Lebensführung und Partnerbeziehung einmischt, obwohl sie längst erwachsen sind.

Dennoch: Selbst wenn die Kinder loskommen und selbstständig werden, ist dies für die Eltern ein echter Verlust. Eltern »investieren« viel von sich selbst in die Kinder und müssen deshalb auch ein Stück von sich selbst loslassen, wenn die Sprösslinge das Haus verlassen. In gewissem Sinn sind die Eltern also »in Trauer«, weil die Kinder fortgehen. Gelegentlich besteht sogar eine Tendenz, eines der Kinder bei sich zu behalten, den Ältesten oder den Jüngsten, den Schwächsten oder den Problematischsten. Diese Angst davor, das verletzlichste Kind gehen zu lassen, kann auch dazu beitragen, dass dieses Kind schwach bleibt.

Eine Bestandsaufnahme machen

Partner müssen in jeder Lebensphase ihre Grundübereinkunft für das Zusammenleben neu präzisieren und eventuell ergänzen: Wie lauten die Spielregeln? Was kann man nun, da die Kinder aus dem

Haus sind, an dieser Grundübereinkunft präzisieren und verbessern? Einige Menschen kommen in dieser Phase zu dem Schluss, dass sie keine Partnerschaft mehr führen. Vor allem die, die »für die Kinder zusammengeblieben sind«, werden nun mit der Leere ihrer Beziehung konfrontiert. Oft gibt es keine Intimität oder Aufmerksamkeit mehr füreinander, keine Zeit, keine Sexualität. Die Grundübereinkunft wurde unbemerkt aufgelöst, sie bröckelt und ist dahin.

Diese Krise bedeutet für jeden Partner eine Chance, allein ein neues Leben zu beginnen – gerade wenn man sich in den letzten Jahren in aller Stille voneinander entfremdet hat. Nun noch einmal alles aufs Neue zu erleben, ist der Wunsch nicht weniger Menschen. Dies äußert sich gelegentlich darin, dass sie sich intensiv in einen Dritten verlieben, wie wir auch schon in der vorangegangenen Phase gesehen haben. Auch hier kann die Beziehung mit einem Dritten so wichtig werden, dass sie einen Bruch mit dem Partner nach sich zieht. Für den Partner, der nach 20 Jahren Beziehung verlassen wird, ist das oft ein tragisches und unbegreifliches Geschehen, das tief verletzt. Der Verlust der Kinder wird nun noch durch den Verlust des Partners vergrößert.

Neu zueinander finden

In den meisten Fällen bedeutet der Verlust der Kinder für die Partner jedoch eine einzigartige Gelegenheit, wieder zueinander zu finden. Dies geht nicht mühelos vor sich: Die Erfahrung der Leere führt nicht sofort zu einer neuen Erfüllung.

Diese Phase enthält für jedes Individuum den Auftrag, in sich zu gehen. Eine Reihe von Dingen ist nicht mehr möglich: Kinder bekommen, eine neue Karriere aufbauen usw. Dadurch erfährt jeder bei sich selbst allmählich den Verlust eigener Möglichkeiten. Der Partner, der am meisten mit den Kindern zu tun hatte, hat nun eine große Aufgabe vor sich: »Wie gestalte ich jetzt mein neues Leben so, dass es wieder sinnvoll für mich ist und ich Spaß daran habe?« Dieser Partner – in den meisten Fällen noch immer die Mutter – ist meist am stärksten davon betroffen und wird eine Reihe neuer Felder erobern müssen. Sie wird neue Fertigkeiten entwickeln oder Hobbys wiederaufnehmen müssen: Dinge, die sie nun nicht für einen anderen, sondern für sich selbst tun kann, Dinge, von denen sie träumte, als die Kinder sie daran hinderten, sie zu realisieren: beispielsweise Freundinnen besuchen, mit ihnen zusammen etwas unternehmen, ehrenamtliche Tätigkeiten ausüben, in einem Verein mitarbeiten, einen Kurs belegen usw. Wenn ihre Kinder selbst Kinder bekommen, kann sie Hilfe leisten, sofern sie darum gebeten wird und dies den Vorstellungen der Kinder entspricht.

Für den Partner, der außer Haus arbeitet, ist die Phase des leeren Nests in seinem Beruf oft der Moment, an dem seine Karriere den Höhepunkt erreicht. Aber das führt oft zu einer Relativierung: Arbeit ist nicht der einzige Wert im Leben. Beiden Partnern steht nun mehr freie Zeit zur Verfügung: Ebenso wie früher sind Spiel und Sport nun für die geistige und körperliche Gesundheit wichtig. Sexuell sind die Partner nun gut miteinander vertraut. Die Kinder stören die Intimität nun nicht mehr. Die Frau scheint in dieser Lebensphase für die Sexualität offener zu sein als der Mann: Ihre Zärtlichkeit, die zuvor mehr den Kindern galt, kann nun wieder verstärkt der Beziehung zugute kommen.

Die neue alte Beziehung lässt sich allgemein durch eine größere Stärke und mehr Realismus kennzeichnen. Durch die gemeinsamen Erlebnisse ist eine Verbundenheit entstanden. Die Partner fühlen sich tiefer in den anderen ein und wissen schneller, was der andere meint. Viele Gewohnheiten bilden ein stützendes Band: Eine ganze Reihe von Aufgaben, die Freizeit, die Hobbys sind nun zur Zufriedenheit beider Partner geregelt. Hoffentlich sind sie so kreativ, dass sie auch ab und zu etwas Neues in die Beziehung einbringen: eine Überraschung, ein Geschenk, eine unerwartete Initiative … In einer glücklichen Beziehung geht es um mehr als um Sexualität; es geht um das Teilen von Erlebnissen, um eine tiefe Akzeptanz des Partners, um die Kunst, Veränderungen herbeizuführen und auszuhalten, sowie um ein echtes Einfühlen in den Partner und um Mitempfinden mit ihm. Das Band mit den Ursprungsfamilien wird wieder gestärkt. Die Partner können sich nun um ihre Eltern kümmern, sie unterstützen und versorgen. Der Kontakt mit den Geschwistern und Freunden intensiviert sich wieder.

Was tun, damit die Phase des leeren Nests glücklich wird?

Haben sich die Partner in der vorangehenden Lebensphase dadurch voneinander entfremdet, dass sie Konflikte unterdrückten und Schwierigkeiten beiseite schoben, so haben sie nun die Chance, miteinander noch einmal neu zu beginnen und Angestautes aufzuarbeiten. Sie müssen sich füreinander Zeit nehmen. Beide Partner bleiben aktiv in der sexuellen Beziehung und kultivieren sie. Allmählich lernen sie, außerhalb der Kindererziehung Platz für andere Interessen zu finden: Hobbys, spezielle Fähigkeiten, Vereinsleben und Nachbarschaftsaktivitäten. Das Wichtigste ist, dass es ihnen gelingt, den Kindern respektvoll ihre Autonomie und Unabhängigkeit zu lassen und das eigene Leben interessant zu gestalten: im Beruf, in der Familie, in der Freizeit, bei der ehrenamtlichen Tätigkeit und bei körperlichen Aktivitäten. Es ist sinnvoll, wenn sie sich dabei nicht zu hohe Ziele stecken, sondern sich realistisch auf das beschränken, was ihnen angenehm ist – im Bewusstsein der eigenen Relativität.

Der Ruhestand: Zu zweit zu Hause

Die große Aufgabe im Ruhestand besteht meist darin, eine Neuverteilung der Aufgabenfelder vorzunehmen, wenn nötig ausreichend Abstand (Fluchtburgen) aufzubauen und als Ersatz für die frühere berufliche Tätigkeit eine Reihe neuer Aktivitäten zu suchen.

Neuverteilung von Aufgabenfeldern

Wenn man in den Ruhestand geht, bedeutet dies den Verlust eines wichtigen Territoriums: des Arbeitsplatzes und aller damit verbundenen Tätigkeitsfelder. Nun sind zwei Menschen dauerhaft zu Hause – was bedeutet, dass für eine Reihe von Aufgaben im Haushalt eine Neuverteilung durchgeführt werden muss. Neue Konflikte über banale Details sind in der Übergangsphase unvermeidlich.

Helmut, Margot und die Eroberung der Küche

Helmut, 67 Jahre alt, der hundert Angestellte unter sich gehabt hatte und für wertvolles Material verantwortlich gewesen war, wurde gewalttätig gegen seine Frau Margot (er schlug sie und zog sie an den Haaren). Dabei ging es nur darum, wie man seiner Meinung nach den Griff des Kühlschrankes anfassen sollte. Dieser Mann, der in seinem Beruf immer das Sagen gehabt hatte, hatte nun sein angestammtes Territorium verloren. Er versuchte vergeblich, ein Revier zu erobern. Und Margot, die schon 45 Jahre lang Chefin in der Küche gewesen war, verteidigte ihr Terrain, als hinge ihr Leben davon ab. Man schlug sich wie die Kesselflicker. Beide Elternteile wurden von ihren Kindern zu einem Therapeuten geschickt.

Die Bedeutung der Fluchtburg

Die Fluchtburg wird wichtig, wenn zwei Partner erst jahrelang auf Abstand voneinander lebten und nun durch den Ruhestand oder die Arbeitslosigkeit ständig miteinander konfrontiert sind. Es ist klar, dass Paare davon profitieren, wenn sie sich in Vereinen, Stammtischen oder Interessen- und Sportgruppen mit Gleichaltrigen zusammenschließen. Die Beziehungen zu den Kindern sind nicht mehr so wichtig wie früher; doch die Verbindung zu den Altersgenossen wird gestärkt, und dies führt zu einer Bereicherung des neuen Lebens als Rentner.

Wie in jeder Phase ist auch hier der Übergang der schwierigste Moment. Der Übergang von einer Lebensphase in eine andere vollzieht sich häufig in Form einer Krise. Es müssen ständig neue Regelungen getroffen werden. Wenn aber erst einmal der Übergang vollzogen ist, gelangt man in ruhigere und friedlichere Fahrwasser, in denen man den Lebensabend genießen kann.

Kapitel 9: Trennung oder Veränderung?

Bei wichtigen, lang anhaltenden Beziehungsproblemen werden sich die Partner allmählich bewusst, was sie nicht (mehr) wollen. Auf jeden Fall wollen sie die Beziehung nicht mehr genauso fortsetzen wie zuvor. Sie müssen sich entscheiden, in welche Richtung sie sich verändern wollen. Das ist nicht immer klar. Jeder Partner kann innerlich zerrissen sein, aber auch zwischen den Partnern bestehen hierüber gelegentlich Meinungsverschiedenheiten: Der eine will per se zusammenbleiben, der andere will sich unbedingt trennen. Darum müssen wir uns hier zunächst mit Entscheidungen beschäftigen und dann mit geplanten Veränderungen.

Entscheidungen treffen

Ob eine Entscheidung als gut oder schlecht eingestuft wird, hängt unter anderem vom Zeitpunkt ihrer Überprüfung ab. So kann sich jemand kurz nach Beginn einer Beziehungstherapie fragen, ob er sich nicht doch besser hätte trennen sollen, aber zwei Jahre später zu dem Schluss kommen, dass es doch gut war, daran zu arbeiten. Der Inhalt der Entscheidung bleibt also etwas Individuelles, das jeder mit sich selbst ausmachen muss. Doch es lassen sich einige allgemeingültige Voraussetzungen für eine gute Entscheidung feststellen: Demnach ist eine gute Entscheidung eine wohl überlegte Entscheidung, für die man sich die nötige Zeit nimmt und bei der man allen Alternativen (einer nach der anderen) ausreichend Aufmerksamkeit widmet. Hier sind – abgesehen von der Entscheidung selbst – der Anlass und die Entscheidungsmöglichkeiten zu beachten.

Der Anlass

Der Anlass zu einer Entscheidung über die Zukunft einer Beziehung ist meist ein konkretes Ereignis, das einen oder beide Partner zu der Auffassung bringt, dass es so nicht mehr weitergehen kann. Es gibt viele derartige Anlässe: die Tatsache, dass einer eine Beziehung mit einem Dritten beginnt, körperliche Beschwerden, Krankheit oder Überarbeitung, Schlafstörungen, der soundsovielte Krach, der außer Kontrolle gerät, der soundsovielte sexuelle Kontakt, der misslingt. All dies kann Anlass sein, um einen Beschluss darüber zu fassen, ob man eine Beziehung fortsetzen soll oder nicht.

Die Alternativen

Bei einer guten Entscheidung geht man so viele Alternativen oder Entscheidungsmöglichkeiten wie möglich durch. Auf den ersten Blick scheint es in einer Beziehung nur zwei Entscheidungsmöglichkeiten zu geben: Entweder wird die Beziehung beendet, oder die Partner leben weiter zusammen. So einfach ist es aber nicht. Wenn es darum geht, ob man zusammenbleiben soll, lassen sich folgende Alternativen unterscheiden:

1. Sie lassen Ihre Beziehung, wie sie ist. Sie wissen dann, woran Sie sind. Denn Sie haben Erfahrung damit. Auch das kann eine echte Entscheidung sein, die mit Sachkenntnis getroffen wird. Die Partner akzeptieren den schwierigen Zustand, in dem sich beide befinden.

2. Sie bleiben zusammen und werden an Ihrer Beziehung arbeiten. Sie wollen lernen, besser zusammenzuleben. Sie geben alles, um eine wirklich befriedigende Beziehung daraus zu machen und eine neue Basis des Zusammenlebens zu finden (hier wäre die Hilfe eines Beziehungstherapeuten nützlich).

3. Sie versuchen es noch einmal zusammen, aber nur bis zu einem bestimmten Termin. Eine Probezeit von z. B. sechs Monaten wird vereinbart. Bei dieser Alternative arbeiten Sie an der Beziehung, aber nicht auf Dauer. Wenn sich nach sechs Monaten nichts ändert, werden Sie mit weniger Schuldgefühlen auseinander gehen

können. Wenn nach sechs Monaten deutlich wird, dass es wieder knistert, können Sie sich entscheiden, es noch einmal neu miteinander zu versuchen.

4. Die Entscheidung für das sachliche Zusammenleben. Diese Zwischenform ist ein Minimalprogramm, das meist nur kurze Zeit funktioniert. Die Partner leben unter demselben Dach zusammen, aber ohne Intimität oder Sexualität. Sie regeln lediglich die Aufgabenverteilung. Diese Form des Zusammenlebens ist zum Teil bereits eine Form des Getrenntlebens.

5. Sie leben zur Probe eine Zeit lang getrennt. Das hat nur dann Sinn, wenn zumindest einer von beiden ernsthaft daran denkt, sich definitiv zu trennen. Es besteht eine Chance zu erfahren, ob man allein leben kann oder ob man die Beziehung vermisst. Durch die Probezeit lernen Sie nichts über das Zusammenleben, müssen aber viele Absprachen treffen: über die Versorgung der Kinder, über die Finanzen, das Wohnen, die Aufgaben während dieser Zeit. Alles, was verabredet wird, gilt nur für die Probezeit und nicht für den Fall einer eventuellen definitiven Trennung. Mit einer Probezeit ist also etwas ganz anderes gemeint, als dass einer der beiden Partner für ein paar Tage zu seinen Eltern zieht.

6. Die Trennung. Sie geben einander die Freiheit zurück. Sie haben es ernsthaft probiert, aber es geht nicht mehr gemeinsam. Das ist keine Beziehung mehr. Sie werden sich nicht mehr um das Leben des anderen kümmern.

Trennung bzw. Scheidung

Die Trennung bzw. Scheidung ist nicht nur ein bestimmter Augenblick, sondern ein Prozess, der viel Zeit in Anspruch nimmt. Menschen, die Partner waren, müssen nun wieder allein leben und sich neu als selbstständige Personen definieren. Hier geht es um den sozialen Status, Finanzen, die rechtliche Stellung usw., aber auch um Verarbeitung. Die Trennung ist auch und vor allem ein gefühlsmäßiger Prozess. Die Gefühle, die in der Entscheidungsphase eine Rolle spielen, werden intensiv erlebt: Angst, allein zu bleiben, Schuldgefühle über das Scheitern der Beziehung, Gefühle der Einsamkeit,

Schmerz über den Verlust, Ohnmachtsgefühle gegenüber der Situation, Hass, Feindseligkeit und Zorn gegenüber dem Partner.

Wenn der Entschluss gefasst ist und die beiden auseinander gehen, macht sich zunächst ein Gefühl der Erleichterung breit, weil es nun ausgestanden ist; aber auch Angst vor der Zukunft und Trauer spielen eine große Rolle. Der Verlust kann jedoch nur dann verarbeitet werden, wenn man sich ihm wirklich stellt und nicht so tut, als gäbe es ihn nicht. Er ist dann verarbeitet, wenn man wieder seinen eigenen Platz im Leben gefunden hat. Dann eröffnen sich auch neue Perspektiven, es gibt wieder eine Zukunft, und unter Umständen beginnt man nach einiger Zeit eine neue Beziehung.

Nicht loslassen können

Manche ehemalige Partner schaffen es nicht, ihre gescheiterte Beziehung wirklich zu beenden. Dies kann dazu führen, dass sich die Partner das Leben zur Hölle machen oder im Falle einer vorbestehenden Ehe in juristischen Auseinandersetzungen verzetteln. Trotz oder gerade wegen des Konflikts gibt es offenbar noch etwas, das die Partner miteinander verbindet. Was bei der Scheidung nicht verarbeitet wird, ist oft der Sand im Räderwerk dieser juristischen Auseinandersetzungen. Eine Ehescheidung im gegenseitigen Einvernehmen ist immer der Weg, den man suchen sollte. Dann kann man selbst über das Wohnen, die Kinder und die Finanzen zu tragbaren Entscheidungen kommen. Nur wenn dies wirklich nicht möglich ist, überlässt man die Entscheidung dem Richter. Daher gilt: Bevor die Dinge zu zweit in Angriff genommen werden können, muss erst einmal die gefühlsmäßige Verarbeitung erfolgt sein.

Übrigens: Geschiedene Eltern bleiben die Eltern ihrer Kinder. Jedes Kind bekommt von jedem Elternteil die Zusicherung: »Was auch geschieht, wir bleiben dein Vater und deine Mutter. Wir sind immer für dich da.« Mit dieser Botschaft treten die Eltern der meist unausgesprochenen Frage der Kinder entgegen: »Werdet ihr mich auch im Stich lassen, so wie ihr euch im Stich gelassen habt?«

Die schrittweise Veränderung der Beziehung

Entscheiden sich die Partner für eine Verbesserung der Beziehung, so müssen sie die folgenden Missverständnisse vermeiden:

- Alles muss von selbst gehen,
- alles muss spontan gehen,
- alles muss perfekt gelingen,
- alles muss sofort passieren,
- alles muss ein für alle Mal sein.

Alles muss von selbst gehen

Veränderungen sind mit Anstrengung verbunden und kommen nicht von selbst. Wenn ein Mensch die eigenen Lebensgewohnheiten verändert, kostet dies schon sehr viel Mühe. Zu zweit Gewohnheiten zu verändern ist noch viel schwieriger. Die Partner bekommen auch in diesem Fall nur das, worum sie sich wirklich bemühen.

Alles muss spontan gehen

Eine Beziehung systematisch zu verändern ist nichts Spontanes. Es handelt sich um einen Lernprozess. Während dieser Phase wird ein neues Verhalten erlernt, bis es gleichsam spontan geht. Wenn jemand spontan spricht, dann ist das möglich, weil er früher unter großen Schwierigkeiten und unter großem Einsatz gelernt hat zu sprechen.

Alles muss perfekt gelingen

Veränderungen führen nie zu einer perfekten Beziehung. Eine solche Beziehung gibt es nämlich überhaupt nicht. Auf dem Weg zu einer Veränderung müssen Etappenziele aufgestellt werden. Ein Musikstudent, der Organist werden will und von Anfang an wie Bach Orgel spielen will, wird schnell die Motivation verlieren.

Alles muss sofort passieren

Dieses Lernen geschieht Schritt für Schritt. Jede Veränderung ist möglich, wenn der nächste Schritt machbar ist. Man kann davon träumen, die Beziehung komplett zu verändern. Der einzige Weg dorthin besteht jedoch darin, dieses oder jenes konkrete Verhalten zu verändern. Die Messlatte wird so niedrig gehängt, dass man nicht daran scheitern kann. Dadurch entwickelt sich die Motivation, auch andere Verhaltensweisen zu verändern.

Manche meinen, dass so kleine Schritte nicht der Mühe wert seien. Diese kleinen Schritte haben aber einen wichtigen Symbolwert: Beide Partner signalisieren sich gegenseitig, dass sie an der Beziehung arbeiten wollen und dass sie die Veränderung wirklich wünschen.

Guido und Sarah regeln das Wochenende

Guido und Sarah haben eine Verabredung über den Verlauf des Wochenendes getroffen: die Aufgabenverteilung, wie z. B. Kochen und Einkaufen. Wenn sie wieder einmal heftig miteinander in Streit geraten, wissen sie beide: »An die Wochenendregelung halten wir uns. Das läuft, koste es, was es wolle!« Es hilft ihnen, über ihre Streitereien hinwegzukommen. Das hartnäckige Festhalten an der Absprache ist für sie ein Zeichen, dass der eine sich für den anderen einsetzt.

Geht es um den ganzen Einsatz und das Bild, das man vom anderen hat, so können sich große Veränderungen allerdings spontan vollziehen. Nach einem langen, schmerzlichen Gespräch beschließt Marietta, mit Heiko weiterzuleben. Sie hat ihn bisher als Ausbeuter empfunden. Nun sieht sie ihn »plötzlich« als Partner, der sie braucht und an dem sie selbst auch etwas finden kann. Ihr Bild von ihm hat sich in einem Augenblick auf den nächsten verändert. Diese Art Veränderung kann sofort stattfinden. Aber wenn eine solche Veränderung im Bereich der Gewohnheiten und der Verhaltensweisen erfolgen soll, braucht es viel Zeit und Einsatz.

Alles muss ein für alle Mal sein

Zu wichtigen Veränderungen kommt es nicht ein für alle Mal: Wir beschließen heute das und das, und dieser einmal getroffenen Entscheidung folgen wir unerschütterlich. Soll ein Ziel erreicht werden, sind vielmehr immer wieder neue Entscheidungen erforderlich. Man kann sich nicht für immer für eine bestimmte Art der Beziehung entscheiden, sondern die eigentlichen Entscheidungen vollziehen sich anhand der Gegebenheiten, die ja ebenso wenig statisch sind.

Widerstände gegen eine Verbesserung

Eine Veränderung führt immer zu Widerständen: beim einzelnen Partner, beim Paar oder bei den Menschen ihrer Umgebung. Widerstand entwickelt sich aus den Vorteilen, die mit der alten Situation verbunden sind: Man gibt sie ungern auf, außerdem schreckt das Unbekannte der neuen Situation.

Wenn ein Partner Widerstand gegenüber einer bestimmten Veränderung zeigt, geht dies oft auf den anderen Partner oder auf die Beziehung zurück. Ein Mann ist alkoholabhängig und hört auf zu trinken. Seine Frau sagt: »Nun bist du überhaupt nicht mehr zu genießen. Als du getrunken hast, warst du zumindest ab und zu gesellig. Und nun muss auch ich meinen Aperitif stehen lassen.« Hier wird deutlich, dass diese Frau aus der Alkoholabhängigkeit ihres Mannes einen Vorteil gezogen hat. Lange miteinander vertraut zu sein kann einer Beziehung also Halt geben und Sicherheit vermitteln, auch wenn die alten Muster nicht mehr erwünscht sind.

Versagensangst und Vermeidungsstrategien

Die Angst, einen Misserfolg zu erleben, die Angst, doch nur wieder zu scheitern, spielt in vielen Beziehungen bei den Bemühungen um Veränderung eine Rolle. Wer im Voraus bereits davon überzeugt ist, dass es doch nicht gelingen wird, die Beziehung zu verbessern, wird Misserfolg haben. Wer zu viel Angst hat zu scheitern, probiert es nicht mehr ernsthaft. Dann bewahrheitet sich, was er befürchtet hat:

Er scheitert. Die Versagensangst kann auch der Grund für eine Vermeidungsstrategie sein: Der Einsatz, den die Veränderung erfordert, wird nicht erbracht. Es wird der Versuch unternommen, eine Enttäuschung zu vermeiden. Im Folgenden sind vier Vermeidungsstrategien in Partnerbeziehungen aufgeführt:

1. **Die Flucht ins Ideal:** Wenn man einem übertriebenen Ideal nachhängt, wird der Wert kleiner Veränderungen in der Beziehung unterschätzt. Was bedeutet dieser kleine Schritt im Vergleich zu einer vollkommenen Beziehung? Wie wichtig ist dieses kurze, gute Gespräch im Hinblick auf echtes Verständnis und Kontakt?

2. **Die Flucht in die Zukunft:** Zurzeit braucht noch nichts getan zu werden, aber später, wenn … »Wenn die Kinder etwas größer sind, werde ich mich für unsere Beziehung einsetzen. Wenn ich Karriere gemacht habe, werde ich mich für die Familie einsetzen«, sagt der Mann, der unterdessen seine Frau und die Kinder verliert. Wenn wir ein eigenes Haus haben, dann werden wir es uns gemütlich machen. Wenn … Aber jetzt, in diesem Moment, geschieht nichts.

3. **Die Flucht in die Vergangenheit:** Man hängt an der Vergangenheit, die man oft idealisiert. »Als wir noch kleine Kinder hatten, waren wir glücklich …« Das ist eine Vermeidungsstrategie, weil wegen dieses Blicks zurück nicht nach vorn geschaut und im Moment nichts getan wird. Andere betrachten die Vergangenheit und analysieren sie kaputt.

4. **Die Flucht in die Neutralität:** »Mir ist alles egal. Es hat keinen Sinn, etwas zu verändern. Es bleibt ja doch alles, wie es ist.« Eine solche Haltung setzt sich nicht mit dem Istzustand auseinander. Man gaukelt sich Machtlosigkeit vor und macht sich damit handlungsunfähig.

Alle vier gerade beschriebenen Formen von Vermeidungsstrategien bei Beziehungsproblemen führen zum gleichen Ergebnis: Das Problem wird nicht gelöst; es wird nicht daran gearbeitet. Mit anderen Worten: Es wird nur noch schlimmer.

Wie Sie Ihre Beziehung verändern

Zeit planen

In einer Beziehung ist der Umgang mit Zeit von großer Bedeutung. Eine Beziehung braucht Zeit, und viele haben keine Zeit. Das führt dazu, dass viele Dinge dann erledigt werden, wenn sie gerade anstehen, es aber keine vernünftige Zeitorganisation gibt. Gerade in einer Familie, in der zahlreiche Termine koordiniert werden müssen, ist dann das Chaos vorprogrammiert, es kommt zu Streit, und die Beziehung leidet.

Um solche Komplikationen zu vermeiden, empfiehlt es sich, alle anstehenden Aufgaben in einem Terminkalender zu notieren, aber auch Zeiten der Entspannung und Zeiten, die ausschließlich für die Familie reserviert sind. Diese Zeiten sollten im richtigen Verhältnis zur Bedeutung stehen, die man den einzelnen Bereichen beimisst.

Die Wohnung umgestalten

Die Wohnsituation ist wichtig für eine Familie und ein Paar: In manchen modernen Wohnungen ist es nahezu unmöglich, sich zurückzuziehen. In anderen Wohnungen gibt es keinen Ort, an dem ein ungestörtes Gespräch möglich ist. Wenn der Fernsehapparat so steht, dass auch während der Mahlzeiten ferngesehen werden kann, sind die Probleme buchstäblich schon vorprogrammiert. Wenn das Schlafzimmer kalt und feucht ist, wird es sich seltener ergeben, dass man miteinander schläft. Wenn die Küche weit von der Essecke entfernt liegt, ist ein Gespräch während des Kochens praktisch unmöglich. Wenn nicht die Möglichkeit besteht, einen Kopfhörer mit dem Fernseher oder dem Radio zu verbinden, wird jeweils der andere vom Geräusch gestört, falls nur einer fernsieht oder Radio hört.

Gewohnheiten überdenken

Jeder hat dies schon einmal bei der Rückkehr nach einer langen Reise erlebt: Man verfällt nur allzu leicht wieder in alte, schlechte Gewohnheiten. Zwar will man seine Jacke nicht auf dem Stuhl im Wohnzimmer herumliegen lassen, doch scheint die Jacke irgendwie am Stuhl festzukleben. Hier kann schon die Veränderung der materiellen Umgebung eine Erneuerung bewirken: beispielsweise die Möbel einmal anders zu stellen. Derartige Veränderungen können Symbolcharakter bekommen. Sie erinnern daran, dass neue Vorhaben in die Tat umgesetzt werden, und sind auch ein Zeichen für die Partner untereinander, dass eine Veränderung angestrebt wird.

In den Veränderungsprozess müssen auch die Personen in der unmittelbaren Umgebung mit einbezogen werden. Kinder drängen Eltern, die versuchen, sich zu verändern, gern wieder in ihre alten Rollen. Sie bitten beispielsweise den Elternteil, der immer schon großzügiger war, lieber um etwas. Oder ein Elternteil versucht immer wieder, das eigene Kind gegen den Partner aufzubringen. Deshalb muss man die Umgebung informieren, wenn man eine Veränderung erreichen will.

Regeln für Veränderungen in Beziehungen

- **Es ist besser, mehr voneinander zu verlangen als weniger.** Verlangt man wenig von jemandem, wird nur ein Missstand abgestellt. Verlangt man mehr voneinander, wird deutlich, dass man den anderen um etwas bitten kann, was dieser auch zu leisten imstande ist, weil er es früher schon geschafft hat.
- **Es ist immer besser, etwas im Voraus zu regeln, als im Nachhinein auf Probleme zu stoßen.** Wenn zwei Menschen in einer Beziehung immer nur improvisieren, dann kommt es gelegentlich zu großen Irritationen. Dabei können viele Dinge durch Absprachen geregelt werden. Eine Übereinkunft wirkt beruhigend: Jeder weiß, was er zu tun und zu erwarten hat. Er hat das Gefühl, die Dinge unter Kontrolle zu haben. Damit sei übrigens nicht gesagt, dass Improvisation nicht gelegentlich sehr angenehm sein kann.
- **Wenn zusammen etwas verändert werden soll, muss man Absprachen treffen.** Wenn jemand allein lebt, kann er zu jedem Zeitpunkt etwas verändern, wenn er es als notwendig ansieht. Zu zweit muss man Absprachen treffen, um zu einer neuen gemeinsamen Gewohnheit zu kommen. Wer ein Verhalten verändern will, muss es jedoch konkretisieren und auch das Ziel konkret formulieren. Nehmen wir an, Paul und Magda sind sich einig, dass die Aufgabenverteilung im Haushalt zu Ungunsten von Magda geht, und wollen etwas daran ändern. Dann reicht es nicht, wenn sich beide darin einig sind, dass Paul mehr tun müsste. Es genügt auch nicht, dass er es verspricht. Sie müssen ein bestimmtes Verhalten aus-

wählen, z. B. Staub saugen, und ihr Ziel festlegen. Paul wird einmal alle 14 Tage Staub saugen. Das werden sie nach zwei Monaten überprüfen. Ein guter Trick, um neue Gewohnheiten zu bilden, besteht darin, einen bestimmten Zeitpunkt festzusetzen. Paul wird schneller lernen, Staub zu saugen, wenn beide miteinander absprechen, dass er es am Freitagabend macht, alle vierzehn Tage zwischen 17 und 20 Uhr.

- **Manchmal muss die Häufigkeit eines bestimmten Verhaltens verändert werden:** Dann sollten sich beide Partner zunächst darüber einig werden, wie häufig es im Moment auftritt – etwa indem sie das Verhalten jedes Mal dokumentieren: »Wir wollen nach dem Essen häufiger noch sitzen bleiben. Wie oft tun wir das zurzeit? Lass uns einmal zwei Wochen lang das Verhalten immer dann, wenn es auftritt, auf dem Kalender vermerken. Wie oft wollen wir es in Zukunft tun?«

Wie Sie Ihre Beziehung verändern können

Es gibt durchaus ganz konkrete Hilfsmittel, mit denen Sie den Status quo Ihrer Beziehung feststellen können. Im Folgenden sind nur einige davon vorgestellt. Daran sehen Sie auch, wo noch für Sie Verbesserungsbedarf herrscht – aber auch, was sich Ihr Partner an Verhaltensänderungen von Ihnen wünscht.

Checklisten: Womit sind Sie in Ihrer Partnerschaft (un)zufrieden?

Im Folgenden werden verschiedene Listen angenehmer (+) und unangenehmer (−) Verhaltensweisen des Partners aufgeführt. Lesen Sie sie durch und fragen Sie sich, welche Punkte dabei auf Ihren Partner zutreffen.

Haushalt

Mein Partner/Meine Partnerin

+	−
löste ein Problem im Haushalt selbst, ohne mir zur Last zu fallen	weigerte sich, eine Entscheidung in einer wichtigen Angelegenheit zu treffen
fragte mich nach meiner Meinung in Zusammenhang mit einer wichtigen Entscheidung	traf eine wichtige Entscheidung, ohne mich um Rat zu fragen
rief an oder nahm anderweitig mit dem Vermieter, der Hausverwaltung usw. Kontakt auf	schaltete Licht, Herd, Kaffeemaschine usw. nicht eigenständig aus
führte Reparaturen aus oder ließ sie ausführen	
schaltete das Licht, die Heizung, elektrische Geräte usw. aus, bevor wir weggingen	

Freizeit

Mein Partner/Meine Partnerin

+	−
half, unseren gemeinsamen Ausgehabend zu planen	weigerte sich, einen Ausgehabend zu planen
lud Freunde zu einem Besuch ein	regelte einen Ausgehabend, ohne mich zu fragen
sorgte dafür, dass wir zu einer Feier gingen	war unfreundlich gegenüber unserem Besuch
schlug vor, abends oder am Wochenende etwas Interessantes gemeinsam zu unternehmen	wollte partout in ein Lokal ausgehen, in das ich nicht wollte
brachte die Familie wieder einmal zusammen	benahm sich auf einer Feier so daneben, dass ich mich für ihn/sie schämte
war meinen Freunden gegenüber tolerant	ließ mich mit den Kindern und der Arbeit allein, während er/sie sich amüsierte
	ging früh zu Bett, während wir Besuch hatten

Sexualität

Mein Partner/Meine Partnerin

+	−
reagierte erfreut auf sexuelle Annäherung	wies meine sexuelle Annäherung ab
ließ mich spüren, dass er/sie den Sex mit mir angenehm fand	hörte mitten im Vorspiel auf
streichelte und liebkoste mich	schlief unmittelbar nach dem Geschlechtsverkehr ein
ergriff bei Varianten im sexuellen Spiel, die ich besonders mag, die Initiative	drang auf sexuelle Spielchen, die ich nicht mag
übernahm die Initiative beim Sex	war zu passiv beim sexuellen Spiel
	war zu aggressiv beim sexuellen Spiel

Persönliche Gewohnheiten

Mein Partner/Meine Partnerin

+	−
ist gut gekleidet	sah zu viel fern
ist gut frisiert	war schlecht gelaunt und mürrisch
hält auf sein/ihr Äußeres	kam zu spät nach Hause, ohne Bescheid zu sagen
hatte im passenden Rahme einen schönen Anzug oder ein schönes Kleid an	trug schlampige Kleidung oder lief vor mir mit einer Gesichtsmaske oder Lockenwicklern herum
kam pünktlich	machte Überstunden oder brachte Arbeit mit nach Hause
respektierte mein Bedürfnis, allein zu sein	störte mich beim Telefonieren oder Lesen

Finanzen

Mein Partner/Meine Partnerin

+	−
half, die Haushaltsausgaben zu planen	gab mehr aus, als das Budget es zuließ
machte ein Schnäppchen	kaufte etwas, das er/sie anderswo hätte billiger finden können
füllte von sich aus das Konto auf	machte wiederholt Fehler beim Führen des Haushaltsbuchs
half, Kaufentscheidungen zu fällen	stellte einen Scheck vom gemeinsamen Konto aus, ohne es mir mitzuteilen
bezahlte die Rechnungen pünktlich	bezahlte die Rechnungen nicht pünktlich
war mit mir einig, dass ich Geld für mich selbst brauche	verbot mir, etwas zu kaufen
gab mir Geld, das ich für mich verwenden konnte	kaufte etwas Wichtiges für uns, ohne mich nach meiner Meinung zu fragen
verdiente zusätzliches Geld	machte eine größere Anschaffung, die wir nicht brauchen

Auto und Verkehr

Mein Partner/Meine Partnerin

+	−
wusch und putzte das Auto	nahm das Auto, obwohl ich es dringend benötigte
leerte den Aschenbecher im Auto	war zu spät dran, als ich ihn/sie abholen wollte
holte mich pünktlich ab	holte mich zu spät ab
kümmerte sich um Inspektion und Reparaturen	kümmerte sich nicht um die Reparatur oder Inspektion des Autos
tankte selbstständig	vergaß zu tanken
fuhr in gefährlichen Situationen umsichtig	fuhr waghalsig
brachte die Kinder in Kindergarten oder Schule	kam zu spät, als ich das Auto brauchte
	mäkelte während der Fahrt an meinem Fahrstil herum

Kinder

Mein Partner/Meine Partnerin

+	–
spielte mit den Kindern oder las ihnen eine Geschichte vor	war unfreundlich zu den Kindern
brachte die Kinder zur Schule oder zum Sport	kritisierte oder erniedrigte die Kinder
brachte die Kinder ins Bett oder half dabei	schrie die Kinder an
half einen Streit zwischen den Kindern schlichten	sagte in Gegenwart der Kinder etwas gegen mich
übertrug den Kindern Verantwortung für kleine Aufgaben	wollte den Kindern keine Aufmerksamkeit schenken oder keine Antwort geben
passte auf die Kinder auf, während ich fort war	bestrafte die Kinder zu streng
stand nachts auf, um für das Baby zu sorgen	überließ mir die unangenehmen Seiten der Erziehung
wechselte die Windeln	weigerte sich, die Windeln zu wechseln
machte mit den Kindern einen Ausflug	hielt die Kinder nicht zum Aufräumen an
half den Kindern bei den Hausaufgaben	wollte den Kindern nicht bei den Hausaufgaben helfen
sorgte für einen Babysitter	wollte nicht für einen Babysitter sorgen

Essen und Einkaufen

Mein Partner/Meine Partnerin

+	–
bereitete eine wundervolle Mahlzeit zu	kocht sehr ungern
besorgte den Einkauf selbst oder half dabei	vergaß den Einkauf
stand auf und machte Frühstück für mich	kritisierte mein Essen
machte mein Essen für die Arbeit fertig	bereitete etwas zu, das ich nicht mag
kochte oder half mir dabei	kam nicht zum Essen, als ich ihn/sie rief
brachte die Mahlzeit pünktlich auf den Tisch	unterstützte mich nicht bei meiner Diät

Der Wunschbriefkasten

Beide Partner schreiben zehn Verhaltensweisen des anderen auf zehn Zettel. Es handelt sich um Verhaltensweisen, die sie sehr an sich schätzen. Beide werfen die Zettel in einen Kasten. Wer dem Partner eine Freude bereiten will, nimmt später einfach einen Zettel aus dem Kasten und liest, was sich der andere von ihm wünscht.

Bevor die Zettel in den Kasten geworfen werden, müssen die Partner darauf achten, dass es sich um Dinge handelt, die sie vergleichsweise problemlos füreinander tun können. Verhaltensweisen, die zu viel Mühe machen, sollten durch weniger aufwändige ersetzt werden.

Die Liste der Zufriedenheit

Diese Liste führt gemeinsame, entspannende Aktivitäten auf. Stellen Sie sich bei der Lektüre folgende Fragen: Haben wir diese Aktivitäten schon jemals zusammmen unternommen? Wenn ja, wie angenehm war das? Wie viele Punkte auf einer Zehnerskala (0 = sehr unangenehm, 10 = sehr angenehm) würde ich dafür geben? Die Punkte dienen nur Ihrer Orientierung – so sehen Sie sehr schnell, welche Bereiche noch ausbaufähig sind und in welchen Sie bereits sehr zufrieden mit Ihrer Beziehung sind.

Aktivitäten	Punkte
Wir machen eine Radtour.	
Wir gehen zusammen in ein Theaterstück, ein Konzert, eine Ausstellung oder ins Museum.	
Wir machen eine Spritztour mit dem Auto.	
Wir gehen spazieren.	
Wir sehen zusammen fern.	
Wir gehen zusammen ins Kino.	
Wir lesen uns laut vor.	
Wir spielen mit den Kindern.	
Wir führen ein anregendes Gespräch.	
Wir spielen Karten, Schach, Monopoly, Scrabble oder ein anderes Gesellschaftsspiel.	
Wir halten zusammen nach interessanten Fotomotiven Ausschau.	
Wir nehmen zusammen an einem Gottesdienst teil.	
Wir basteln zusammen oder üben gemeinsam eine handwerkliche Tätigkeit aus.	
Wir verbringen einen Abend mit Freunden.	
Wir gehen Kaffee trinken oder Eis essen.	
Wir gehen schwimmen, tauchen, surfen, segeln, Schlittschuh laufen, Rollschuh laufen oder kegeln.	
Wir spielen gemeinsam mit den Haustieren.	
Wir nehmen zusammen ein Bad oder duschen zusammen.	
Wir erledigen zusammen Arbeiten im Haushalt.	
Wir gehen zusammen in die Bibliothek oder zu einer Versammlung.	
Wir machen eine Kissenschlacht.	
Wir sprechen zusammen über den Beruf.	
Wir hören zusammen Musik.	
Wir kochen zusammen.	
Wir singen gemeinsam oder machen Musik.	
Wir gehen zusammen joggen.	

Aktivitäten	Punkte
Wir sind beide beschwipst.	
Wir liegen zusammen in der Sonne.	
Wir gehen zusammen zu einer Feier oder zu einer Party.	
Wir haben ein Candle-Light-Dinner in einem schicken Restaurant.	
Wir besuchen zusammen die Eltern oder Verwandte.	
Wir arbeiten zusammen im Garten.	
Wir sehen uns gemeinsam einen Sonnenuntergang an.	
Wir halten zusammen Mittagsschlaf.	
Wir gehen zusammen zu einem Sportereignis, ins Theater oder Kino.	
Wir beschäftigen uns gemeinsam mit einem Hobby.	

Kapitel 10: Konflikte bewältigen

Konflikte in einer Paarbeziehung sind unvermeidlich. Zwei Menschen haben nun einmal Wünsche und Gewohnheiten, die dem anderen zunächst fremd sind. Jeder von ihnen hat möglicherweise ein anderes Modell der ehelichen Beziehung in der elterlichen Familie gesehen und eine andere Art des Umgehens mit Unterschieden und Gegensätzen erlebt.

Im Folgenden sind einige Tipps für das »richtige« Streiten aufgeführt. Es gibt drei Schemata des Verhandelns:

1. eines für die einmalige, schnelle Entscheidung,
2. ein zweites Schema für das Regeln von Konflikten, die immer wieder auftreten,
3. und ein drittes Schema dafür, wie man ein Ärgernis, das schon länger besteht, bespricht und aus der Welt schafft.

Kämpfen, um Recht zu haben, ist ein Überbleibsel aus alten Zeiten. Heute ist in der partnerschaftlichen Beziehung die »klassische Lösung« für das Problem der Unterschiede nicht mehr anwendbar. Diese Lösung bestand darin, dass einer von beiden (nach außen der Mann – nach innen oft die Frau) letztendlich die Entscheidungsgewalt hatte. Diese hierarchische Situation entsprang damals einem hierarchischen Gesellschaftsmodell. Bei Beziehungsstreitigkeiten hatte der Mann das letzte Wort. Wenn er sich nicht zu helfen wusste, gaben das Gesetz und die Bibel den Ausschlag.

In einer Beziehung haben wir es bei der Konfliktlösung mit zwei Partnern zu tun. Hier ist das, was der eine will, und da ist das, was der andere will. Beide Wünsche sind gleich viel wert. Wie können die Partner ihre Konflikte lösen, wenn der Streit um das Recht keine Lösung bietet? Genau darum geht es im folgenden Kapitel.

Destruktives Streiten

Zunächst seien einige relevante Elemente des schädlichen Streitens beschrieben. Man streitet meist ohne Vorbereitung, der Streit entwickelt sich von selbst. Es geht mit einem Detail los, das wie eine Lunte am Pulverfass wirkt. Sehr schnell erreicht die Verärgerung bei beiden ihren Höhepunkt. Man lässt keine Pause zu und bleibt auf einem hohen Spannungsniveau. Wenn sich einer von beiden zurückziehen will, fährt der andere das schwerste Geschütz auf, um den Partner weiter im Spiel zu halten. Das Ziel besteht irgendwann nur noch darin, den anderen zu verletzen.

Worum streiten?

Zum Streit kommt es oft wegen banaler Kleinigkeiten (damit ist nicht gesagt, dass kleine alltägliche Dinge keine Anlässe für gesundes Streiten sein können). Konstruktives Streiten hat allerdings zum Ziel, etwas zu verändern. Abstrakte Prinzipien hingegen sind törichte Streitthemen: Ist ein Haus sauber, wenn es nicht täglich einmal in der Woche von oben bis unten geschrubbt wird? Wie lange muss sich ein Vater täglich mit seinen Kindern beschäftigen? Derartige Themen gehen an den Bedürfnissen *dieses* Mannes und *dieser* Frau vorbei. Es macht in der Praxis keinen Unterschied, ob man auf abstrakte Fragen mit ja oder nein antwortet.

Gelegentlich streiten sich die beiden Parteien über ein Problem, das im Interessenbereich des einen Partners liegt. Er will beispielsweise, dass der Partner bestimmter gegenüber den eigenen Eltern auftritt, weil er sich selbst dafür zu schwach fühlt. Dem Partner sollen die eigenen Normen aufgezwungen werden, ohne dass die Normen an sich zur Diskussion gestellt werden, ohne dass ernsthaft gefragt wird: Wer hat hier das Problem? Liegt es an mir selbst oder an uns beiden? Kann ich dieses Problem allein lösen? Sollte ich nicht zuerst meine Normen in Frage stellen?

Manchmal streiten sich Partner auch, um gegen das Bild anzugehen, das der andere von ihnen hat: »Du denkst das und das über mich, aber ich bin nicht so.« Je mehr man beweisen will, dass man nicht so ist, wie es der Partner unterstellt, desto mehr wird der andere in seinen Unterstellungen bestärkt. Oft wird auch ineffizient gestritten. Die Partner verlangen mehr, als sie wollen, um vom anderen doch wenigstens etwas zu bekommen. Oder sie verlangen weniger, als sie eigentlich wollten, um beim anderen überhaupt etwas zu erreichen. Man sagt nicht präzise, was man will. Und so kommt es schnell zur Eskalation.

Oft reagieren die Partner aufeinander, bevor sie sich gefragt haben, was sie selbst wollen. Ein Wort gibt das andere, ohne dass man sich genauer damit beschäftigt, worin sich beide unterscheiden oder übereinstimmen. Manchmal ist ein Partner auch zu vorsichtig, um den anderen nicht zu verletzen, und gibt in bestimmten Dingen nach; dabei weiß er sehr wohl, dass er das, was er da verspricht, nicht einlösen kann. Die Partner stellen sich gegenseitig unmögliche Forderungen und versprechen sich Unmögliches – in der Absicht, um jeden Preis zu gewinnen. Die Ergebnisse eines solchen Streites sind meist negativ. Es werden keine Beschlüsse gefasst. An der auslösenden Situation ändert sich nichts. Der Konflikt bleibt.

Fälschlicherweise werden die eigenen Wünsche und Positionen oft mit gemeinsamen Absprachen verwechselt. Wenn man einmal in einer Sache nachgibt, dann ist es gleich eine Absprache für immer und ewig. Andere beenden einen Streit mit einer Absprache, um dann immer wieder Absprachen zu treffen, wenn das Problem aufkommt. Dies hat erneute Streitereien zur Folge. Hierzu gibt es eine kurze und prägnante Regel: Absprachen, die nicht eingehalten werden, sind schlechte Absprachen. Die Partner geben zu viel oder bekommen zu wenig. Und das kann nicht lange gut gehen.

Auch über die Argumentation beim Streiten muss hier ein Wort verloren werden. Vernünftige Argumente (die am besten auch noch aufgezählt werden) sagen natürlich nichts über die Bedeutung aus, die jeder Partner seinem Standpunkt beimisst. »Wenn ich vier Argumente dafür habe, und du hast sieben dagegen, was machen wir dann? Und wenn ich deine Argumente Stück für Stück widerlege und dir beweisen kann, dass ich Recht habe, was tust du dann? Wenn ich ›vernünftiger‹ bin als du, wenn ich besser reden kann als du, wenn ich deine Schwachpunkte kenne und dich, ohne dass du es merkst, hereinlege, was dann? Ist es dann nicht so, dass du es mir hinterher doch zurückzahlst, dass unsere Beziehung daran zerbricht, dass du verbittert und enttäuscht bist?«

So weit dieser kurze Abriss über das destruktive Streiten. Es geht offensichtlich um eine Art Gefühlsentladung. Doch dadurch ändert sich in Wirklichkeit nichts am Problem, sondern beide ziehen sich verbittert und grimmig in ihr Schneckenhaus zurück; auf diese Weise nimmt die Gefühlsverbundenheit ab und die Entfremdung zu. Schlimmer wäre nur noch, Konflikte totzuschweigen und zu ignorieren oder eine Komödie zu spielen. Das ist langfristig noch schädlicher, als sie offensiv anzugehen.

Warum verhandeln?

Verhandeln ist eine offene Methode. Es wurde bereits gezeigt, dass offene Methoden den verdeckten vorzuziehen sind, weil Letztere zu Feindseligkeit führen.

Eine langfristige Beziehung ist – wie jede Form des Zusammenlebens – eine Übereinkunft, die man sich als Ergebnis von Verhandlungen vorstellen kann. Gelegentlich geschieht dies unausgesprochen. Wim und Sarah sind zehn Jahre verheiratet und haben zwei Kinder. Sie haben nie darüber gesprochen, ob sie Kinder haben wollen. Darüber hat man nicht gemeinsam nachgedacht, es ist eben einfach »passiert«. Dennoch geht jeder mit bestimmten Vorstellungen über Rechte und Verpflichtungen in die Ehe. In einer gut funktionierenden Beziehung spricht man offen darüber. In einer Beziehung, in der das nicht geschieht, werden die Partner im Laufe der Jahre Überraschungen erleben. Judith legt seit zwanzig Jahren am Samstagabend für Tim einen schönen Anzug, sein Oberhemd, eine Krawatte und Socken bereit. Sie denkt, dass dies zu ihren Pflichten gehört und sie dafür Zuneigung bekommen wird. Bis er einmal während eines Streites ausruft: »Du behandelst mich sowieso wie ein Kind. Meinst du, dass ich mein Oberhemd nicht lieber selbst auswählen will? Überall mischst du dich ein.«

Um solche Überraschungen zu vermeiden, muss die Grundübereinkunft immer wieder an neue Lebensphasen angepasst werden. Auch das verlangt Überlegung und Verhandlung. Wenn zwei Partner beschließen, ihre Beziehung zu verbessern, kann es nicht ohne Verhandlungen über das geschehen, was genau jeder will und wie es bewerkstelligt werden soll. Dadurch wird das Verhandelnkönnen unter Gleichberechtigten zu einer wichtigen Fähigkeit. Will man zusammenleben, so wird man immer wieder verhandeln müssen.

Grundlegende Fehler

Bei den meisten Verhandlungen zwischen Partnern kommt es immer wieder zu zwei Fehlern. Der erste Fehler tritt zu Beginn der Verhandlung auf, der zweite am Ende.

Zu Beginn machen beide oft den Fehler, dass sie so tun, als wollten sie dasselbe. Der eine will Ordnung, der andere sagt, er wolle das auch. Wenn sie beide gleich viel Ordnung wollten, wo ist dann das Problem? Ein Konflikt kann nur dann in Angriff genommen werden, wenn die Standpunkte radikal gegenübergestellt werden: »Ich finde es sehr bequem, die Zeitungen im Wohnzimmer herumliegen zu lassen.«

Der Fehler am Ende der Verhandlungen ist, dass beide mehr versprechen, als sie halten können. Der Partner verliert natürlich das Vertrauen. Schlimmer noch: Beide Partner verlieren den Glauben an gemeinsame Überlegungen und Absprachen. »Das klappt bei uns eben nicht.«

Wutausbruch oder Konfliktlösung?

Bevor die Lösung von Konflikten selbst zur Sprache kommen kann, muss man zunächst einmal deutlich zwischen Wutausbrüchen und Entladungen auf der einen und Problem- bzw. Konfliktlösungen auf der anderen Seite unterscheiden. Wenn einer der beiden Partner extrem wütend ist, dann ist es Sache des anderen, einen solchen Unterschied zu erkennen. Er muss sich in diesem Augenblick nicht anstrengen, die Dinge vernünftig zu besprechen; denn das hieße nur,

Öl ins Feuer zu gießen. Er kann nur eines tun: dem Partner die Chance geben, einmal völlig aus sich herauszugehen und »Dampf abzulassen«. Erst dann wird ein sachliches Gespräch möglich sein.

Jonas kocht vor Wut

Wenn Jonas vor Wut kocht, weiß Karin, dass dies nicht der Augenblick ist, um zu reagieren. Karin kann sich zurückziehen. Sie kann auch aufmerksam zuhören. Aber sie muss in ihren eigenen Reaktion so zurückhaltend wie möglich sein. Jonas wird natürlich versuchen, Karin aus der Reserve zu locken. Dann muss sie vermeiden, Jonas' Verärgerung als auf sie gerichtet zu interpretieren. Karin muss auch nicht Jonas gegenüber den Therapeuten spielen. Größtmögliche Neutralität hat sich in solchen Situationen bisher am meisten bewährt. Das weiß Karin und schweigt.

Wutausbrüche führen nicht zur Lösung eines Problems. Man sollte sie jedoch als Signale dafür werten, dass es Dinge gibt, über die beide Partner bei Gelegenheit unbedingt sprechen sollten. Wut ist immer ein Ausdruck von Ohnmacht. Wenn beide Partner diesen Unterschied zwischen Wutausbrüchen und Konfliktlösungen richtig verstanden haben, hat das auch Folgen für das Verhalten jedes Einzelnen: Wenn ich einen Konflikt oder ein Problem mit meinem Partner in Angriff nehmen will, sollte ich das nicht in dem Augenblick tun, in dem er vor Wut rast. Es ist sinnvoller, abzuwarten, bis er sich beruhigt hat.

Was steht an?

Wirkliche Konfliktlösung bedeutet, dass die Situation selbst verändert wird. Es gibt viele Arten, dies herbeizuführen. Ich möchte hier drei davon beschreiben.

- **Die einmalige, dringende Entscheidung:** Toni und Judith haben beschlossen, ins Kino zu gehen, können sich aber nicht sofort auf einen Film einigen. Judith würde am liebsten *Providence* von Alain Resnais sehen. Sie findet alle Filme von Resnais sehr gut. Toni würde lieber in den Film *The Wild Bunch* von Sam Peckinpah gehen. Er liebt Western. Und er befürchtet, dass *Providence* zu schwermütig ist. Sie wiederum hat Angst, dass *The Wild Bunch* zu grausam ist ... Sie treten aus der Tür und müssen sofort entscheiden, wohin sie gehen.

- **Die Entscheidung über regelmäßig anstehende Dinge:** Toni und Judith ärgern sich jeder für sich darüber, wie das Wochenende gelaufen ist. Sie kommen nicht dazu, die Wochenenden so zu planen, dass sie beide etwas davon haben. Sie wissen wohl vage, was sie gern hätten; weil aber nichts im Voraus geregelt wird, läuft alles spontan und endet in einem Schlamassel. Judith klagt, dass sie beide zu wenig Zeit füreinander haben. Sie würde ab und zu gern einen Abend zu zweit verbringen. Toni arbeitet abends noch oder treibt Sport. Das alles sollte sich besser regeln lassen.

- **Das Ausräumen eines Ärgernisses, das schon lange besteht:** Bei dieser Art der Konfliktlösung geht es um ein Ärgernis, das sich bei einem von beiden durch das Verhalten des anderen entwickelt. Es ist ein Ärgernis, das es schon lange gibt und langsam schlimmer geworden ist. Neben der unbedingt erforderlichen praktischen Regelung besteht auch die Notwendigkeit, sich intensiver emotional über diese Frage auszutauschen. Beide würden davon profitieren, wenn sie ihre Werturteile, ihre Gefühle und ihre Wünsche in diesem Punkt ganz offen zeigen könnten. Seit sie zusammen sind, ärgert sich Judith beispielsweise darüber, dass Toni morgens bis zur letzten Minute im Bett bleibt und nur am Frühstückstisch erscheint, um stehend eine Tasse Kaffee zu trinken. Um diesen Punkt wirklich zu regeln, müsste Judith Toni erklären, was das Zusammensein beim Frühstück für sie bedeutet. Wie sie sich fühlt, wenn er so nach draußen stürmt. Wie sie sich fühlen würde, wenn er ihr etwas mehr Aufmerksamkeit schenken würde. Und Toni müsste ihr einmal erklären können, wie angenehm es ist, noch ein wenig zu dösen, wie abwesend er morgens ist, dass er sich bis mittags in einem »Schlafzustand« befindet und warum er dann keinen Kontakt haben sowie in Ruhe gelassen werden will.

Schemata der Konfliktlösung

Für jeden dieser Konflikttypen kann man nun ein kurzes Schema der Konfliktlösung aufstellen. Dieses Schema wird dann weiter ausgefüllt durch die detailliertere Beschreibung einer Reihe wichtiger Faktoren.

Schema 1: Schnell eine Entscheidung treffen

Dieses Schema umfasst drei Schritte. Jeder Partner gibt an, was er am liebsten hätte. Dann machen sich beide auf die Suche nach einer Lösung.

1. Rick sagt, was er am liebsten tun würde, ungeachtet dessen, was Eva seiner Meinung nach will.
2. Eva gibt an, was sie am liebsten tun würde, ohne zu berücksichtigen, was Rick gesagt hat.
3. Sie kommen zu einer Entscheidung, die sich entweder an den Vorstellungen von Rick oder an denen von Eva orientiert, oder sie finden einen Mittelweg.

Sie können auch absprechen, dass zunächst Rick und dann Eva seinen/ihren Willen bekommt. Sie können sich aber auch für etwas ganz anderes entscheiden. Das alles kann innerhalb weniger Minuten geschehen.

Schema 2: Etwas regeln

Dieses Schema umfasst sieben Schritte:

1. Rick und Eva bereiten jeder für sich eine Liste vor, in die sie eintragen, was sich jeder innerhalb eines bestimmten Bereichs der Beziehung wünscht.
2. Rick berichtet Eva, was er will. Eva wiederholt, wie sie Rick verstanden hat. Eva berichtet Rick, was sie will. Rick wiederholt es.
3. Rick und Eva denken getrennt darüber nach, was sie dem anderen geben wollen, was sie bekommen möchten und was sie sich selbst wünschen.
4. Jeder erzählt dem anderen, was er geben würde, wenn er alles bekäme, worum er gebeten hat. Sie wiederholen, um sicherzustellen, dass sie den anderen richtig verstanden haben.
5. Rick und Eva machen jeder für sich einen Vorschlag, in dem ein Element von Geben und Nehmen enthalten ist.
6. Sie tauschen diese Vorstellungen der Reihe nach aus.

7. Sie gelangen zu einer Verabredung über alle Punkte und schreiben sie auf.

Ich nenne dieses Vorgehen »sachliches Verhandeln«. Konkret kann dies bedeuten, dass Rick und Eva jeweils für sich einen Plan für das Wochenende erarbeiten, in dem sie detailliert alles auflisten, was sie sich wünschen. Danach tauschen sie ihre Pläne aus, arbeiten Aspekte des Gebens und Nehmens ein und erstellen ein Globalschema für das Wochenende, das sehr genau ist und so viel wie möglich von dem umfasst, was beide wollen.

Eva will:

- jeden Samstag von 14 bis 17 Uhr allein einkaufen gehen, während Rick auf die Kinder aufpasst,
- samstagmorgens um 9 Uhr gemeinsam frühstücken,
- zweimal im Monat den ganzen Sonntag bei den Eltern verbringen,
- abwechselnd einen Abend (Freitag oder Samstag) mit Rick ausgehen (Film, Theater, Essen gehen usw.),
- dass Rick an einem Tag des Wochenendes ein warmes Essen kocht, danach abwäscht und die Küche aufräumt,
- dass Rick drei Stunden am Wochenende für Arbeiten im und um das Haus aufwendet.

Rick will:

- samstags von 14.30 bis 18.30 Uhr Fußball spielen, während Eva auf die Kinder aufpasst,
- samstagmorgens (höchstens) bis 11 Uhr ausschlafen, während ihm Eva die Kinder vom Leibe hält,
- einmal im Monat einen Sonntagnachmittag abwechselnd bei den Schwiegereltern/Eltern verbringen,
- am Freitagabend alle 14 Tage ab 20.30 Uhr ausgehen,
- dass Eva den Sonntagabend mit ihm gemütlich verbringt (miteinander reden, ohne fernzusehen usw.).

Es wird eine neue Regelung gefunden. Beide sind der Meinung, dass die neue Regelung Vorteile hat:

- Rick geht freitagabends alle 14 Tage von 20.30 bis spätestens 1 Uhr aus.
- Rick schläft am Samstagmorgen höchstens bis 10 Uhr, und Eva sorgt dafür, dass die Kinder ihn nicht stören.
- Samstags geht Eva von 10 bis 13 Uhr allein einkaufen, und Rick passt auf die Kinder auf.
- Rick spielt von 14.30 bis 18 Uhr Fußball, und Eva betreut die Kinder.
- Beide gehen jeden Samstagabend aus, in einen Film, zum Essen usw. Sie bestimmen abwechselnd, wohin. Eva kümmert sich um einen Babysitter.
- Einen Sonntag im Monat gehen sie von 11.30 bis 18 Uhr zusammen zu den Eltern.
- Rick wird alle 14 Tage am Sonntag kochen, und Eva hilft ihm beim Abwasch.
- Rick arbeitet zweieinhalb Stunden in der Woche in Haus und Garten.

Schema 3: Etwas durchsprechen (intimes Verhandeln)

Dieses Schema umfasst ebenfalls sieben Schritte. In den ersten beiden Schritten kommt vor allem Rick an die Reihe und in den beiden folgenden Eva. Danach sind Rick und Eva gleich viel beteiligt. Die Struktur, die ich hier vorstelle, ist als Hilfsmittel für jene gedacht, die es selbst probieren wollen.

1. Einer von beiden – in diesem Fall Rick – bereitet für sich selbst einen Punkt vor. Rick überlegt sich genau, was er will und wie er sich bei diesem fraglichen Punkt fühlt.
2. Rick erklärt Eva, wie er sich bei diesem Punkt fühlt. Eva wiederholt dies mit ihren eigenen Worten, bis Rick sich von Eva verstanden fühlt. Erst danach sagt Rick in einem Satz, was er in Bezug auf diesen Punkt will. Eva wiederholt dies, ohne bereits einen Standpunkt zu beziehen.

3. Eva überlegt nun für sich, wie sie sich angesichts dieser Frage fühlt. Danach formuliert sie für sich allein sehr gewissenhaft, was sie möchte, ohne zu berücksichtigen, was Rick gesagt hat.

4. Eva erklärt Rick, wie sie sich fühlt, wenn dieser Punkt angesprochen wird. Rick wiederholt dies mit seinen eigenen Worten, bis Eva sich von Rick verstanden fühlt. Dann sagt Eva in einem Satz, was sie will: »Ich will, dass du …« Rick wiederholt dies.

5. Rick und Eva machen der Reihe nach einen Vorschlag in einem Satz.

6. Rick und Eva tauschen ihre Vorstellungen aus, wobei jeder das wiederholt, was der andere vorschlägt.

7. Sie bleiben sitzen und versuchen, ein Ergebnis zu formulieren, von dessen Vorteilen sie beide überzeugt sind (das kann ein Rahmen sein, eine Festlegung der Häufigkeit, ein Mittelweg oder sogar die Übernahme des Standpunktes des jeweils anderen). Diese Absprache wird aufgeschrieben und erst am folgenden Tag von beiden unterschrieben.

Ich bezeichne dies als »intimes Verhandeln«. Beim intimen Verhandeln geht es also darum, sich gegenseitig unterschwellige Gefühle mitzuteilen. Um dies zu illustrieren, gebe ich folgende Auszüge einer Verhandlung über einen Konflikt zwischen Dirk und Lea wieder, zu dem es beim Grillen gekommen war.

Dirk, Lea und das Essen

Dirk sagt: »Wenn das Fleisch nur kurz angebraten ist, dann schmeckt es schlecht. Ein Essen, das schlecht schmeckt, *macht mich wahnsinnig*. Ich fühle mich *machtlos und vernachlässigt*, während ich zuschaue, wie du jede Mahlzeit verpfuschst. Ich habe das Gefühl, dass ich schlucken muss, was mir aufgetischt wird. Ich komme mir vor, *als wäre es dir zu anstrengend*, ernsthaft mit mir darüber zu sprechen. Ich will gern für dich *wichtig sein*. Ich fühle mich *gut*, wenn du auf mich Rücksicht nimmst. Ich habe *Angst*, dass du böse wirst, wenn ich nicht esse, was du kochst. Ich habe *Angst*, dass sich ein Streit daraus entwickelt.«

Lea sagt: »Wenn ich koche, dann *habe ich es nicht gern*, dass du dazukommst. Wenn ich koche, koche ich. Wenn ich koche und sehe, dass du widerwillig am Tisch sitzt und isst, dann finde ich das *nicht angenehm*. Wenn du dich um das Kochen kümmerst, habe ich das *Gefühl, dass ich dir nie etwas gut genug machen kann*. Ich will, dass das Grillen mein Revier ist. Das gibt mir ein *Gefühl des Selbstvertrauens*, ein Gefühl, dass ich es kann. Das vermittelt mir auch das Gefühl, *die Frau im Haus zu sein*. Wenn du dich darum kümmerst, fühle ich mich wie ein *Dienstmädchen*. Ich *fühle mich sehr gut*, wenn wir zusammen mit den Kindern gemütlich essen. Ich habe das Gefühl, dass ich *etwas kann*. Ich fühle mich dann *gut bei dir*. Übrigens koche ich *nicht gern*. Ich mache es, weil es getan werden muss. Ich fühle mich dazu *gezwungen*.«

In beiden Textpassagen sind die Gefühle kursiv hervorgehoben; damit soll aufgezeigt werden, worum es in der ersten Phase des intimen Verhandelns genau geht.

Konstruktive Bewältigung

Die einzelnen Standpunkte darlegen

Zunächst einmal müssen im Sinne einer konstruktiven Konfliktlösung die unterschiedlichen Standpunkte herausgearbeitet werden. Je klarer die Standpunkte dargestellt werden, desto günstiger steht es um die Konfliktlösung. Eine unklare Stellungnahme eines oder beider Partner macht eine Lösung praktisch unmöglich. Gut gemeinte Vertuschungen des eigenen Standpunkts (um den anderen nicht zu verletzen) haben fatale Folgen. Diplomatie in diesem Sinne wirkt sich nachteilig aus. Es werden dann immer zweierlei Botschaften ausgesendet, die sich oft widersprechen (»Ich möchte, dass …«; Aber ich wage es nicht, von dir zu verlangen …«). Auch hier sollte man sich zwei Fragen beantworten:

1. Was ist mein *Ideal* (unmögliches Verlangen), wenn ich über alles allein bestimmen könnte?
2. Was wäre mir *im Bereich des Möglichen* am liebsten?

Das kann man nur schaffen, wenn der Partner *nicht berücksichtigt*, was der andere will oder wovon er meint, dass der andere es will. Er geht nur von dem aus, was er selbst wirklich will. Er verlangt nicht mehr, aber auch nicht weniger als das, was er wirklich will.

Der richtige Augenblick

Ein Konflikt kann nicht gelöst werden, wenn sich die Partner nicht die dafür erforderliche Zeit nehmen und Absprachen treffen. Manchen Menschen ist das unangenehm: Können die Dinge nicht spontan verlaufen? Aber jeder wird einsehen, dass es ohne Absprachen nicht geht. Man kommt in einer Beziehung selten dazu, den Dingen auf den Grund zu gehen. Dafür braucht man ein gewisses Maß an Übereinstimmung. Die Erfahrung lehrt, dass man dies am besten mit klaren Worten festlegen sollte. »Morgen nach dem Abendessen werden wir einmal darüber sprechen, wer wann den Tisch abräumt.«

Rick und Eva denken jeder für sich darüber nach, wie sie sich zu den fraglichen Problemen stellen. Vor allem derjenige, der um das Gespräch gebeten hat, erfüllt dabei eine wichtige Aufgabe. Rick setzt sich also und denkt nach: »Was irritiert mich nun eigentlich genau? Kann ich die irritierende Situation dadurch verbessern, dass ich selbst etwas tue? Was kostet mich das?« Rick kann etwa probieren, seinen Putzzwang zu relativieren, statt an Eva extreme, zwanghafte Forderungen zu stellen. »Sollte ich mich weniger darüber aufregen? Kann ich etwas an meiner Sicht der Dinge ändern? Finde ich Sauberkeit wirklich so wichtig? Wie fühle ich mich, wenn dieser störende Punkt wieder einmal auftritt?«

Wird deutlich, dass Rick immer noch eine Bitte an Eva hat, dann muss er diese Bitte formulieren. Was genau will er von Eva? Was soll Eva speziell tun oder lassen? Was ist er bereit zu geben, wenn Eva ein Tauschgeschäft vorschlägt? Wenn sich zeigt, dass doch noch Fragen an Eva im Raum bleiben, sollte Rick mit Eva eine Verabredung treffen, um darüber zu sprechen.

Ein Beispiel: Rick braucht Eva nicht zu fragen, wenn er am Samstagmorgen einkaufen gehen möchte – es sei denn, dass dies für Eva eine Veränderung in ihrem Tagesablauf mit sich bringt, wenn sie dann beispielsweise auf die Kinder aufpassen muss. Es kann auch nützlich sein, im Voraus zu klären, ob Konflikte, in denen Dritte eine

Rolle spielen, tatsächlich mit dem Partner durchgesprochen werden müssen. Hier lautet die Regel: Beschränken Sie den Konflikt auf die Personen, die er angeht. Wenn ein Konflikt zwischen Vater und Sohn besteht, beschränken Sie ihn auf diese beiden. Wenn eine Frau ihren Mann bittet, sein Verhalten gegenüber dem Sohn zu ändern, sollte sie mit ihm darüber sprechen, ohne dass der Sohn dabei ist.

Zu unterscheiden ist übrigens zwischen Forderung und Bitte. Wenn Rick Eva um etwas bittet, dann bedeutet das auch, dass Rick ein »Nein« von Eva akzeptieren kann. Über eine Bitte kann man sprechen; man kann das Für und Wider gegeneinander abwägen. Eine Forderung jedoch ist radikal: »Ich muss das haben, koste es, was es wolle.«

Der günstige Ort

Es ist wichtig, dass sich die Partner, die etwas besprechen wollen, zusammensetzen. Das bedeutet: die Zeitung weglegen, den Fernseher abstellen, sich aufeinander konzentrieren – mit anderen Worten: Platz schaffen für die Konfliktlösung.

Doch es ist nicht immer günstig, während der gesamten Dauer der Besprechung zusammenzubleiben. Es kann manchmal von Nutzen sein, dass sich jeder nach jedem Schritt der Verhandlung in einen anderen Raum zurückzieht, um für sich selbst herauszufinden, was genau er will, was er zu geben bereit ist und was nicht.

Das geeignete Thema

Das zu verhandelnde Thema muss eines sein, das in der Beziehung für beide Partner eine Rolle spielt. Es muss sich aber auch um einen Punkt handeln, der für die Zukunft noch wichtig ist – am besten etwas, das in der Beziehung regelmäßig wiederkehrt, sodass eine Lösung für die Zukunft von Nutzen ist.

Ist es sinnvoll, mehr als ein Thema gleichzeitig anzugehen? Ich schlage vor, zwei Schritte in Angriff zu nehmen: Wer die Richtlinien, die hier besprochen werden, auf die eigene Beziehung anwenden will, sollte das zunächst einmal selbst an einem einzigen Thema versuchen. Danach kann man in einer zweiten Phase mehrere Themen zugleich angehen. Die sachliche Verhandlung (Schema 2) etwa hat den Vorteil, dass unter Umständen einige Punkte gleichzeitig in Angriff genommen und geregelt werden können. Man beschäftigt sich weniger mit dem Stand der Beziehung, wie er im Augenblick der Verhandlung zwischen beiden Partnern feststellbar ist. Die eher intime Verhandlung (Schema 3) ist darauf ausgerichtet, das Verständnis und die Einfühlung in den jeweils anderen zu vertiefen. Sie bezieht sich auf die Regelung eines Problems, das einer von beiden hat.

Wenn ich hier über das geeignete Thema spreche, ist klar, dass es dabei nicht um globale, vage Punkte geht. »Deine Faulheit stört mich: Ich hätte es gern, wenn du etwas aktiver wärst.« Mit solchen allgemeinen Irritationen kann man nur schwer umgehen. Deshalb muss man versuchen, dieses allgemeine Gefühl auf einen Punkt zuzuspitzen: »Was stört mich an der Faulheit des anderen am meisten? Was tut mein Partner, oder was unterlässt er? In welcher Situation genau?« Es muss also um ein bestimmtes Verhalten gehen, in einem bestimmten Augenblick und in einer bestimmten Situation. Man bittet darum, dass der andere dieses Verhalten in ganz bestimmter Weise verändern möge. Es geht um eine Veränderung, die man im Nachhinein feststellen, messen, abzählen kann.

Die richtige Vorgehensweise

Welche Schritte müssen ganz praktisch unternommen werden, um in einer Beziehung einen Konflikt zu lösen? Zunächst spricht man abwechselnd: Jeder kommt an die Reihe, um die eigenen Gedanken auszusprechen. Man könnte es so beschreiben: In der ersten Runde spricht A, und B hört zu; in der zweiten Runde spricht B, und A hört zu. Während einer solchen Runde hat also nur einer das Wort, der andere hört zu. Der Erste berichtet, was ihn stört. Der andere hört genau zu und wiederholt mit eigenen Worten, was er verstanden hat.

So arbeitet man sich Satz für Satz vor. Es geht darum, sich in den abweichenden Standpunkt des anderen einzufühlen. Dies bedeutet überhaupt noch nicht, dass der Partner mit dem anderen einig sein muss. Man soll zunächst nur verstehen, wie der andere es sieht, selbst wenn man die Dinge ganz anders sieht.

Wenn man beschreibt, was man an einem Thema für wichtig hält, führt dies nicht automatisch dazu, dass man Argumente anbringt, um Recht zu bekommen. Es geht darum, dem Partner zu erklären, welchen Stellenwert dieser Punkt für die eigene Bewertung hat. Das erreicht man am besten dadurch, dass man die Gefühle beschreibt, die bei einem bestimmten Problem auftauchen. Man sagt, wie man sich fühlt:

- Wie fühle ich mich, wenn es um diesen Punkt geht (verärgert, irritiert, enttäuscht, schuldig, verbittert, neidisch, abgestoßen …)?
- Wie würde ich mich fühlen, wenn es nach meinem Willen ginge (glücklich, zufrieden, beruhigt …)?
- Wie fühle ich mich dir gegenüber in den Fällen, in denen das Problem auftritt (verärgert, verblüfft, unwichtig, unfähig, als der Unterlegene, als Pantoffelheld …)?

Es ist nicht einfach, dem Partner mitzuteilen, wie man selbst etwas erlebt hat. Auf jeden Fall ist der Versuch, Recht zu bekommen oder rational zu überzeugen, wenig nützlich. Er führt nur immer wieder aufs Neue zum Streit darüber, wer der Verlierer und wer der Gewinner ist. Partner sollten davon ausgehen, dass sie beide gleichberechtigt sind und dass ihre jeweilige Bewertung das gleiche Gewicht hat. Das geht im Idealfall so lange, bis A das Gefühl hat, dass B wirklich begriffen hat, worum es geht, und umgekehrt.

Was man eigentlich will, lässt sich in einem Satz zusammenfassen: »Ich will, dass du dies und das tust.« Ganz konkret und präzise. Das muss jeder in der Vorbereitung auf das Gespräch für sich ausarbeiten. Danach kann das Gespräch auch kurz unterbrochen werden, und man denkt nun darüber nach, was man selbst wirklich will. Auch hier wird mit eigenen Worten wiederholt, was der andere gesagt hat.

Gute Kommunikation

Bei einem solchen Gespräch gelten natürlich auch die Regeln für eine wirksame Kommunikation, auf die ich bereits eingegangen bin: Sprechen Sie in der Ichform, vermeiden Sie Definitionen, Verallgemeinerungen und Beweisführungen, lesen Sie keine Gedanken, seien Sie nicht zu vorsichtig, bleiben Sie beim Gegenstand und lernen Sie zuzuhören …

Auch die folgenden Kommunikationsregeln gehören hierher:

1. **Fragen Sie, was möglich ist, statt das Unmögliche zu verlangen:** Man bittet um etwas, das der andere wirklich leisten kann. Gefühle oder Meinungen einzufordern ist nicht sinnvoll. Niemand ist wirklich Herr seiner Gefühle. Darum sollte man den Partner am besten um ein konkretes Verhalten bitten.

2. **Lernen Sie, ein Nein zu akzeptieren:** Einer wirklichen Bitte liegt die Überzeugung zugrunde, dass der andere überhaupt die Möglichkeit hat, ihr zu entsprechen. Ein Bittsteller hat noch nicht, worum er bittet. Wenn er nicht bekommt, worum er bittet, so ist das jedoch kein Weltuntergang.

3. **Versprechen Sie nur, was Sie wirklich halten können:** Verhandlungen misslingen, wenn einer von beiden mehr verspricht, als er geben kann. Dann verliert der Partner das Vertrauen nicht nur in den anderen, sondern auch in die Möglichkeit, überhaupt zu Absprachen zu kommen. »Das klappt bei uns nicht.«

Das Paar und die Karriere

Ein Mann hielt seine Karriere in einer amerikanischen Firma für außerordentlich wichtig. Er arbeitete Tag und Nacht, manchmal auch am Wochenende. Er musste häufig umziehen und verreisen. Seine Frau war recht enttäuscht, weil sie immer zu kurz kam. Am Ende der Verhandlungen sagte sie: »Ich bitte dich, künftig keine Überstunden mehr zu machen. Ich bitte dich, nicht mehr abends und am Wochenende zu arbeiten. Ich hätte es gern, dass du wie alle anderen Männer auch spätestens um sieben Uhr zu Hause bist.« Der Mann antwortete impulsiv: »Ja, sicher, das will ich machen. In Zukunft bin ich immer spätestens um sieben Uhr zu Hause.« Natürlich veränderte sich im Folgenden nichts. In dieser Situation wäre es realistischer gewesen, wenn der Mann gesagt hätte, dass er künftig dafür sorgen wolle, z. B. jeden Montag um sieben Uhr zu Hause zu sein, um den Abend mit seiner Frau zu verbringen. Die Regel lautet also: Gib nicht zu schnell nach. Versprich nichts, was du nicht halten kannst.

4. **Prüfen Sie, ob Sie das Gesagte verstanden haben:** Bei dieser Verhandlungsmethode ist es sehr wichtig, dass die Partner überprüfen, ob sie einander verstanden haben. Dafür gibt es zwei Mittel: Bei *sachlichen* Mitteilungen sollte man am besten wiederholen, was der andere gesagt hat: »Ich möchte gern, dass du deine Schuhe in den Schuhschrank stellst.« – »Du wünschst, dass ich meine Schuhe in den Schuhschrank stelle.« Beim Austausch von *Gefühlen* ist das Paraphrasieren ausgesprochen nützlich. Paraphrasieren bedeutet das Wiederholen des Gesagten mit eigenen Worten und mit der Bitte an den anderen, die Paraphrase zu kontrollieren: »Als du um ein Uhr noch nicht zu Hause warst, habe ich mir große Sorgen gemacht.« – »Wenn ich dich richtig verstanden habe, hast du dir große Sorgen gemacht, als ich um ein Uhr noch nicht zu Hause war.« Es handelt sich um eine kleine Übung in Empathie. Empathie bedeutet, gefühlsmäßig zu verstehen, was der andere gesagt hat. Es bedeutet aber nicht automatisch, mit dem übereinzustimmen, was der andere will.

5. **Bestätigen oder verbessern Sie die Wiederholung oder die Paraphrase:** Derjenige, der die Botschaft aussendet, muss darauf achten, dass sie auch ankommt. Die Paraphrasierung oder Wiederholung kann ein Zeichen dafür sein, dass die Botschaft angekommen ist: Sobald derjenige, der spricht, das Gefühl bekommt, dass er verstanden wird, muss er dies signalisieren. Durch die Bestätigung oder Verbesserung der Paraphrase oder Wiederholung kann sich das Gefühl einstellen, dass man verstanden wird.

Eine Übereinkunft treffen

Die Übereinkunft wird in Form einer Absprache festgehalten, die ganz konkret und eindeutig sein muss. Es ist in der Regel von Nutzen, die Vereinbarung aufzuschreiben. Dadurch kann man in Zukunft einen Streit darüber vermeiden, was genau man abgesprochen hat.

Man kann auf verschiedene Art und Weise zu einer Absprache kommen. Es kann sich um einen Kompromiss handeln. Man einigt sich auf einen Wert in der Mitte, dem beide zustimmen können, oder es wird ein Plan aufgestellt. »Das eine Wochenende verbringen wir ganz so, wie du es dir wünschst, das andere so, wie ich es mir vorstelle.« Es können auch Aufgaben verteilt werden: »Das tust du, und das tue ich.« Oder es können die Rahmenbedingungen für eine Aufgabe besprochen werden: »Künftig kümmere ich mich um die Garage, und das heißt: erstens, zweitens, drittens, viertens.«

Wenn nur einer von beiden in einer solchen Verhandlung gewinnt, dann verliert die Beziehung. Die Frage ist nicht, wer gewinnt, sondern welche Lösung für beide am zufriedenstellendsten ist.

Was ist eine geeignete Absprache?

Es gibt gute und schlechte Absprachen. Schlechte Absprachen sind Absprachen, die zu allgemein sind oder für immer, ohne eine zeitliche Begrenzung, gelten sollen: »Wir werden freundlicher zueinander sein …« – »Ich werde dir künftig immer Aufmerksamkeit schenken.« – »Ich werde nie mehr böse auf dich sein.« Ungünstig ist auch die Absprache, fortan in bestimmten Situationen immer wieder neue Absprachen zu treffen. Dadurch sorgt man im Voraus für neuen Streit, der immer dann auftritt, wenn sich die Situation wieder ergibt.

Die Absprache hat eine regelnde Funktion. Wenn in einer Beziehung alles dem Zufall oder dem Gefühl überlassen bleibt, kann dies manchmal wirklich schön sein. Früher oder später wird es aber doch einmal zu Schwierigkeiten kommen, und dann muss verhandelt werden. Bei einer guten Absprache kommen beide Partner zum Zuge. Damit wird ein Moment des Gleichgewichts in die Beziehung eingeführt.

Absprachen sind auch deshalb in einer Beziehung wichtig, weil sich neue, spontane Gewohnheiten entwickeln. Sie sind wie Gipsverbände, die solchen neuen Gewohnheiten angelegt werden, bis diese stark genug sind, um von selbst zu funktionieren.

Pascal räumt den Tisch ab

Pascal räumte in der elterlichen Familie nie den Tisch ab, denn dafür sorgte seine Mutter. Oft kam es in der Beziehung mit Doris darüber zum Streit. Nach einer Verhandlung zwischen beiden zeigte sich: Doris fühlt sich wie eine »Dienstmagd«, weil sie einen Halbtagsjob hatte und auch noch viel im Haushalt tun musste; auch ihr Freund fand, dass er mehr im Haushalt tun müsste. So wurde abgesprochen, dass Pascal fortan nach dem Essen abräumen würde. Dazu gehörte Folgendes: alles vom Tisch in die Küche bringen, den Abwasch in die Spülmaschine und den Rest wieder in den Schrank stellen, den Tisch feucht abwischen, den Fußboden in der Essecke und der Küche fegen, die Tischdecke auflegen und die Blumen zurückstellen, in der Küche die Platte und den Herd säubern, die großen Pfannen abwaschen und, wenn erforderlich, den Mülleimer leeren.

Es dauerte dann doch über ein Jahr, bis Pascal diese Aufgaben nach dem Abendessen von selbst erledigte. Zu Beginn neigte Doris dazu, sie doch wieder selbst zu übernehmen. Das empfand er als unangenehm. Gelegentlich musste sie ihn auf die Absprache hinweisen. Wenn es neutral geschah, fand er es richtig. Was ihm sehr half, war, dass sie ab und zu deutlich macht, wie sehr sie seine Mitarbeit im Haushalt schätzt. Es hat sich eine neue Gewohnheit entwickelt. Manchmal räumt er nun am Wochenende zu den anderen Mahlzeiten ebenfalls spontan den Tisch ab. Das hätte er früher nie getan.

Ein Zusammenleben in einer langfristigen Beziehung ist per se eine große Absprache. Absprachen zu meiden bedeutet, dass man eher »zufällig« oder allein aufgrund von Gefühlen zusammenbleibt, dass es weder Einsatz noch Engagement gibt. Diese Art spontaner Beziehung ist im Grunde (noch) keine vollwertige Beziehung, an der beide Partner zu arbeiten bereit sind.

Nur keine Eile!

Aus dem Vorangehenden wurde bereits deutlich, dass ein gemächliches Tempo eine Voraussetzung für eine gute Verhandlung ist. Es geht also nicht darum, schnell zu sagen, was man will, schnell zu reagieren, schnell zuzustimmen. Dies ist keine Situation, in der ein

Verkäufer einem Kunden, den er nie wiedersieht, ein Produkt aufzuschwatzen versucht.

Es ist sehr wichtig, das Ganze in kleine Schritte aufzuteilen. Jeder Schritt wird vorbereitet. Danach ergreift einer der Partner das Wort, und der andere hört zu. Dann spricht dieser, und der erste hört zu. Schließlich denkt jeder für sich darüber nach, was er will. Im Anschluss daran kommen sie wieder zusammen, und jeder sagt, was er will. Dann gehen sie wieder auseinander, um darüber nachzudenken und sich eventuell einen Kompromissvorschlag zu überlegen.

Was heute eine gute Absprache ist, ist auch morgen noch eine gute Absprache. Die Partner sollten sich nicht gegenseitig hetzen. Sie »arbeiten«, so gut es geht, rein sachlich und darüber hinaus auch wirklich einfühlsam. Das kann nicht in großer Eile geschehen. Eine Beziehung ist eine riskante Angelegenheit, die mit Sorgfalt und Milde behandelt werden muss. Verhandeln ist eine Fertigkeit, die dazu beiträgt.

Nachwort

Liebe läuft in den seltensten Fällen von selbst. Liebe ist nichts Statisches. Liebe ist nichts, was man ein für alle Mal »besitzt«. Im Gegenteil: Wer sie sich erhalten will, muss in der Regel etwas dafür tun. Liebe ist Arbeit – und ein Prozess der Veränderungen auf beiden Seiten.

Die Beziehung umfasst auch noch andere wichtige Aspekte: den Willen zusammenzuleben, das Verlangen nach dem anderen, die gefühlsmäßige und sexuelle Anziehungskraft, das Gefühl, glücklich miteinander zu sein, den Drang, Freud und Leid miteinander zu teilen sowie einander zu genießen, die Leidenschaft in Intimität und Streit ... Diese Aspekte einer Beziehung wurden hier nur am Rande behandelt. In diesem Buch ging es darum, zu beschreiben, welche Anteile an der Liebe die Partner selbst in der Hand haben. Denn sie sind durchaus in der Lage, etwas zu verändern – wenn sie es wünschen und bereit sind, etwas dafür zu tun.

Liebe muss auch in einer langfristigen Partnerschaft nicht zwingend zum schalen Alltag werden. Sie kann lebendig bleiben und beide Partner erfüllen. Sie müssen nur immer wieder daran arbeiten und sich stets neu fragen, wo sie stehen. So kann Partnerschaft gelingen.

Ein Wort des Dankes

Dieses Buch steht in der Tradition, die von Johan Verhulst begründet wurde. Er schuf die Grundlagen für das dreiwöchige Therapieprogramm, bei dem die in diesem Buch behandelten Themen zur Sprache kamen. Er sammelte und formulierte als Erster eine Reihe von Erkenntnissen, die hier zusammengefasst wurden. Dafür gilt ihm mein besonderer Dank.

Ich danke zugleich den mehr als tausend Paaren, die mit diesen Vorgaben an ihrer Beziehung arbeiten wollten, sie an der alltäglichen Realität überprüft und die mitgeholfen haben, sie zu überarbeiten.

Mein Dank gilt auch Prof. Dr. G. Buyse, der es möglich gemacht hat, dass das Kommunikationszentrum gegründet wurde, sich entwickelte und in Zeiten der Einsparungen bestehen bleiben konnte. Auch Prof. Dr. P. Nijs danke ich für seine anregende Leitungsarbeit und seinen aktiven Einsatz zugunsten des Kommunikationszentrums, auch innerhalb des Instituts für Familien- und Sexualwissenschaften der Katholischen Universität Löwen. Ich danke darüber hinaus Dr. G. Kongs, die innerhalb von Salve Mater stets das Zentrum unterstützt hat. Ich danke der Leitung der UPC Salve Mater (A. Ceuleers, Y. Cox und C. Goslain), der Leitung der UZ Löwen und dem Rektorat der Katholischen Universität Löwen dafür, dass sie ihre ganze Aufmerksamkeit dem psychotherapeutischen Dienst widmeten: unserer klinischen Arbeit, der Forschung und der Fortbildung von Postgraduierten.

Ferner gilt mein Dank den aktuellen und früheren Leitern des Kommunikationszentrums, die alle gemeinsam halfen, diese Gedanken zu formulieren, vor allem: Veva Wilms, Danny Verstraeten, Maureen Luyens, Lieven Migerode, Peter Rober sowie Cor und Marianne Bakker-Rabdau.

Ich danke den folgenden Personen dafür, dass sie den ersten Entwurf verschiedener Kapitel gegengelesen haben: Johan Verhulst, Leven Migerode, Danny Verstraeten und vor allem Hugo Mertens. Für die Reinschrift sorgte in vorbildlicher Weise Jenny Bonnast.

Ich danke auch Linda Van Bael für die gründliche Lektüre des Entwurfes.

Mein besonderer Dank gilt Maureen, Deb, Rolf, Mattias und Pieter für die Motivation, die sie mir gaben, um dieses Werk zu beginnen, fortzuführen und es zu vollenden. Sie wissen, dass es manchmal einfacher ist, über diese Dinge zu schreiben, als sie anzuwenden.

Über den Autor

Alfons Vansteenwegen ist Professor und Direktor des Instituts für Familien- und Sexualstudien der Katholischen Universität Löwen/ Belgien. Seit 30 Jahren arbeitet er als Psychologe, Sexualtherapeut und Paartherapeut. Seine zahlreichen Bücher wurden in viele Sprachen übersetzt. Er ist verheiratet und hat vier Kinder.

Bei Carl-Auer LebensLust ist von ihm erschienen (zusammen mit Maureen Luyens): *Trotz aller Liebe. Wie überstehen wir den Seitensprung?*

Kontakt: alfons.vansteenwegen@med.kuleuven.ac.be

Maureen Luyens | Alfons Vansteenwegen

Trotz aller Liebe

Wie überstehen wir den Seitensprung?

170 Seiten, Kt, 2006
ISBN 978-3-89670-524-2

Trotz aller Liebe: Glaubt man der Statistik, ist kaum eine Paarbeziehung gegen Seitensprünge gefeit. Oft bedeutet eine Außenbeziehung das Ende der Partnerschaft. Aber ist das der zwangsläufige Weg?

Maureen Luyens und Alfons Vansteenwegen, zwei international bekannte Paar- und Sexualtherapeuten, zeigen, wie Paare eine Affäre überstehen können, wenn beide Partner es wirklich wollen. Die Autoren haben bei ihrer Arbeit mit betroffenen Paaren entdeckt, dass es für Affären einen typischen Verlauf mit sieben Phasen gibt. Jede Phase, von der Entstehung über Vermutungen und Verleugnen bis zur Entdeckung und Verarbeitung, birgt ihre eigenen Lösungs- und Handlungsmöglichkeiten. Die Autoren zeigen eindrucksvoll, wie Paare diese für sich entdecken und nutzen können. Eine der zentralen Fragen lautet: Unter welchen Bedingungen kann das „Fremdgehen" des Partners akzeptiert werden? Dabei steht das Wohl aller Beteiligten – auch der Kinder – im Vordergrund.

Dieser neue Ansatz von Luyens und Vansteenwegen ermöglicht den betroffenen Paaren einen distanzierten Blick auf das unmittelbare Geschehen. Erst aus dieser Distanz heraus ist es möglich, tragfähige Entscheidungen zu treffen – und aus dem Seitensprung die Chance für einen Neuanfang zu machen.

Die niederländische Originalausgabe dieses Buches wurde bisher über 30 000 Mal verkauft.

 Carl-Auer Verlag • www.carl-auer.de

Guglielmo Gulotta

Gemeinsam in die Falle gehen

Vom Beziehungsdrama zum Happy End

144 Seiten, 90 Abb., Kt
2. Auflage 2004
ISBN 978-3-89670-408-5

„Wer anderen eine Grube gräbt, fällt selbst hinein", sagt man. Nicht auszudenken, was geschieht, wenn ein Paar gemeinsam zu graben beginnt!

Guglielmo Gulotta, bekannter italienischer Strafverteidiger und Psychologie-professor, führt in diesem humorvollen Buch verbreitete Strategien und Taktiken vor, mit denen Paare sich gegenseitig das Leben schwer machen und ihre Beziehung mitunter ernsthaft gefährden. In Dialogen und Karikaturen stellt er typische Bezie-hungsszenen nach und deckt die subtilen Mechanismen auf, die aus alltäglichen Krisensituationen Beziehungsdramen werden lassen.

Gulotta zeigt auch, wie man destruktive Kommunikationstaktiken schon durch einfache Beobachtung außer Kraft setzen kann und wie die Beachtung nur weniger Grundregeln hilft, eine Paarbeziehung auch über längere Zeit glücklich und stabil zu halten.

Guglielmo Gulotta ist Strafverteidiger in Mailand und Ordinarius für juristische Psychologie an der Universität Turin. Er ist eine außergewöhnliche Gestalt in der italienischen Wissenschaftslandschaft, eine Kombination aus Staranwalt à la Bossi, äußerst beliebtem Psychologieprofessor, strategiegewandtem Hypnotherapeuten und Klavier spielendem Entertainer.

Das Buch ist in Italien ein Bestseller und bereits in vier Sprachen übersetzt!

Carl-Auer Verlag • www.carl-auer.de